www.tredition.de

AF196929

Shamsey Oloko

DAS SPIEL DES LEBENS
UND
DIE KUNST DES SPIELENS

www.tredition.de

© 2017 Shamsey Oloko

Verlag: tredition GmbH, Hamburg

ISBN
Paperback: 978-3-7439-5326-0
Hardcover: 978-3-7439-5327-7
e-Book: 978-3-7439-5328-4

Printed in Germany

ABSTRACT

Der vorliegende Essay nutzt die Analogie eines Spiels, um darauf aufbauend eine Orientierungshilfe für das Leben zu entwickeln. In diesem Zusammenhang werden verschiedene Erkenntnisse der Menschheitsgeschichte aus Wissenschaft, Philosophie und fernöstlichen Weisheitslehren in die unterschiedlichen Bestandteile eines Spiels gegossen, woraus das SPIEL DES LEBENS entsteht.

Diese vier Bestandteile umfassen erstens das SPIELFELD, d.h. die Fragen nach Form, Beschaffenheit und Wesen der Wirklichkeit, in der das Leben stattfindet und wahrgenommen wird. Zweitens sind es die SPIELREGELN, welche die Gesetzmäßigkeiten und Bedingungen darstellen, nach denen das Leben gespielt werden muss. Drittens das SPIELZIEL, welches sich thematisch mit der Frage nach dem Sinn des Lebens und damit dem Zweck des Spielens auseinandersetzt. Und zu guter Letzt der SPIELER, der als zentraler Akteur sowohl den Ausgangspunkt als auch den Mittelpunkt eines jeden Spiels darstellt.

Die daraus entstehende Struktur ermöglicht es dem Leser, sich in dem Dickicht der Ideenvielfalt zurechtzufinden, ohne dabei jedoch zwingend einem vorgegebenen Pfad aus Meinungen und Glaubenssätzen folgen zu müssen. Da die Analogie zum Spiel die Orientierung vereinfachen soll, handelt es sich beim SPIEL DES LEBENS in erster Linie um ein ideologiefreies Angebot an den Leser, um seine eigenen Gedanken und Erfahrungen mithilfe der vertrauten Struktur eines Spiels zu ordnen.

Um zudem den geistigen Dialog des Lesers mit sich selbst anzuregen und ihm beim Transfer der eigenen Gedanken in die Struktur des SPIEL DES LEBENS zu unterstützen, enthält der vorliegende Essay in den einzelnen Kapiteln auch Aussagen, die die begründete aber dennoch rein subjektive Sicht des Autors widerspiegeln. Sie sollen den Leser einladen, sich kritisch mit ihnen auseinander zu setzen. In zweiter Instanz setzt dieser Essay also Impulse, mit denen der Leser in Resonanz oder Widerstand gehen und dabei Klarheit über seine eigenen Ansichten erhalten kann.

Damit die Ausführungen zum SPIEL DES LEBENS nicht in kalter Theorie erstarren und ein bloßes Gedankenkonstrukt ohne konkreten Anwendungsbezug bleiben, folgen schlussendlich noch die Ausführungen zur KUNST DES SPIELENS, welche dabei helfen, die Schwelle zur alltäglichen Lebenspraxis zu überschreiten. In diesem Abschnitt werden dem Leser einige Anregungen aufgezeigt, mithilfe derer er die zuvor gewonnenen Erkenntnisse in praktische Entscheidungen und Handlungen für das tägliche Leben übertragen kann. Das dritte Ziel dieses Essays ist es also, eine Brücke zu schlagen, die die Struktur des SPIELS sowie das Wissen um die Inhalte und Zusammenhänge auf der einen Seite mit der Lebens- und Erfahrungswelt des Lesers auf der anderen Seite verbindet.

Die zahlreichen Gedankengänge wissenschaftlicher Theorien, philosophischer Strömungen und spiritueller Weisheitslehren erwecken nicht selten den Anschein, miteinander unvereinbar und inhaltlich gar unvergleichbar zu sein. Wie lose Enden hängen die großen Ideen der Menschheitsgeschichte in der Luft und stiften Verwirrung unter denjenigen, die sich ihnen unbedarft nähern. Was für Gedankengänge gibt es? Wie hängen sie zusammen und wie voneinander ab? Welche konkrete Bedeutung haben sie für das Leben? Der vorliegende Essay ist daher im wahrsten Sinne des Wortes der *Versuch*, einige dieser losen Enden zu einem roten Faden zu verknüpfen, der dem eigenen Leben Struktur und Orientierung verleiht. Diesen Faden bezeichne ich als das SPIEL DES LEBENS.

Ein SPIEL macht Spaß, ist positiv konnotiert und holt jedermann trotz unterschiedlicher Vorstellungen in seiner eigenen Lebenswelt ab. Der Kulturhistoriker Johann Huizinga hat den Begriff wie folgt definiert: „Spiel ist eine freiwillige Handlung oder Beschäftigung, die innerhalb gewisser festgesetzter Grenzen von Zeit und Raum nach freiwillig angenommenen, aber unbedingt bindenden Regeln verrichtet wird, ihr Ziel in sich selber hat und begleitet wird von einem Gefühl der Spannung und Freude und einem Bewusstsein des ‚Andersseins' als das ‚gewöhnliche Leben'." Die wesentlichen Bestandteile eines SPIELS sind daher SPIELFELD, SPIELREGELN, SPIELZIEL sowie SPIELER, und im SPIELEN selbst findet ein SPIEL seinen finalen Zweck.

Sowohl die einzelnen Bestandteile als auch der Akt des SPIELENS umfassen einzelne, zum Teil völlig unterschiedliche und unabhängige Themengebiete, die erst in ihrer Gesamtheit das vollständige SPIEL bilden. Ohne SPIELREGELN gäbe es bspw. keine zusammenhängende Struktur und ohne SPIELFELD fehlte es dem SPIELER an Aktionsradius. Analog dazu behandeln auch die verschiedenen Gedankengänge der Menschheitsgeschichte zum Teil völlig unterschiedliche Themengebiete. Die Ethik des Konfuzius sagt bspw. nichts über die Beschaffenheit des Universums aus, während sich aus der Metaphysik des Demokrits keine Verhaltensregeln für ein erfülltes Leben ableiten lassen. Der erste Schritt zur Vorbereitung dieses Essays bestand also darin, die verschiedenen Gedankengänge der Menschheitsgeschichte auf ihre Zuordnung zu den Bestandteilen eines SPIELS zu überprüfen. Die losen Enden wurden identifiziert und kategorisiert. Das SPIEL DES LEBENS entstand.

Einige Gedankengänge werden als inhaltlich verschieden betrachtet, obwohl sie im Grunde ähnlich oder sogar identisch sind. Nicht selten haben sie lediglich in einer anderen Form und zu einer anderen Zeit das Licht der Welt erblickt. Bspw. lehrten sowohl Siddhartha Gautama, der Begründer des Buddhismus in Indien, als auch Zenon von Kition, der Begründer der Stoa im antiken Griechenland, dass es innerhalb ihrer Lehre ein erstrebenswertes Ziel sei, sich nicht von Emotionen und Begierden beherrschen zu lassen. Zwischen beiden Persönlichkeiten liegen allerdings rund zweihundert Jahre Menschheitsgeschichte und mehrere tausend Kilometer Fußweg. Auch die Goldene Regel „Behandle jeden so, wie Du selbst behandelt werden möchtest" ist seit dem 7. Jh. v. Chr. Bestandteil von unterschiedlichen Religionen und Philosophien auf der ganzen Welt und hat sich in das Gewand der jeweiligen Sprache, der jeweiligen Kultur und des jeweiligen Zeitgeistes eingekleidet. Der zweite Schritt zur Vorbereitung dieses Essays bestand also darin, die kategorisierten Gedankengänge auf ihre Gemeinsamkeiten zu überprüfen. Die losen Enden wurden analysiert und sortiert. Das SPIEL DES LEBENS erhielt Kontur.

Es gibt Gedankengänge, die gefallen mir besser als andere. Daher nehme ich die einen auf und lege die anderen respektvoll zur Seite. Dieses Vorgehen entlarvt mich als **Eklektiker**, da ich mir aus den verschiedenen Gedankengängen jeweils die heraussuche, von deren Wahrheitsgehalt ich entweder aus rationalen Gründen überzeugt bin oder die ich in einer persönlichen Bewertung als gut oder nützlich empfinde – und das völlig unabhängig von ihrem ideologischen Ursprung. Ich esse also nur die Pralinen, die mir persönlich schmecken und lasse die anderen respektvoll in der Schachtel, ohne sie deshalb per se als ungenießbar zu brandmarken. Anders als der eine oder andere Kritiker des Eklektizismus sehe ich in diesem Vorgehen prinzipiell mehr Vor- als Nachteile.

Nicht zuletzt deshalb, weil sich der Mensch auf diesem Wege seines eigenen Verstandes bedient und nicht blindlings einer heiligen Schrift, einem charismatischen Guru oder einer dogmatischen Tradition folgt bzw. folgen muss. Nur, weil einzelne Ausschnitte einer Lehrmeinung überzeugend klingen, muss das nicht zwangsläufig auch für alle anderen Aussagen aus diesem Umfeld gelten. Nachdem die losen Enden also zunächst identifiziert und kategorisiert sowie anschließend analysiert und sortiert wurden, erfolgte in einem letzten Schritt meine persönliche und völlig subjektive Auswahl favorisierter Gedankengänge. Die losen Enden wurden selektiert und kombiniert. Ein roter Faden entstand. Aus dem SPIEL DES LEBENS wurde *mein* SPIEL DES LEBENS.

In insgesamt acht Kapiteln werden die zentralen Bestandteile meines SPIEL DES LEBENS und auch der KUNST DES SPIELENS, d.h. der Frage, wie sich dieses SPIEL eigentlich spielen lässt, näher ausgeführt. Analog zu einem Mosaik, das erst durch das Zusammenfügen verschiedenfarbiger Teile und Formen sein wahres Muster offenbart, kann auch mein SPIEL DES LEBENS erst in seiner Ganzheitlichkeit sinnvoll verstanden werden und seinen von mir angestrebten Erkenntnismehrwert entfalten. Ich möchte den Leser daher gerne auf eine Reise in meine Gedankenwelt mitnehmen, deren Ziel und auch Nutzen sich womöglich erst am Ende offenbaren. Inspiriert von René Descartes und Michel de Montaigne habe ich mich dabei für die literarische Form des Essays entschieden. Dies ermöglicht es mir erstens, meine Gedanken aus dem strengen Korsett der wissenschaftlichen Fachsprache zu befreien und in eine angenehme, klare Alltagssprache zu gießen. Ich bin davon überzeugt, dass einem Mehr an kompliziert anmutender Begriffsakrobatik kein Mehr an gedanklicher Tiefe oder gar an zusätzlichem Wahrheitsgehalt gegenübersteht. Im schlimmsten Fall entzieht sich ein komplizierter Gedankengang sogar der Überprüfbarkeit durch den Leser, wodurch „Scheinwahrheiten" aufgrund von Missverständnissen oder Autoritätsgläubigkeit entstehen – oder aber der Leser tritt in einen unreflektierten Widerstand und versperrt sich selbst neuem Wissen und Erkenntnissen. An der einen oder anderen Stelle wird es jedoch nicht zu vermeiden sein, auf einen fachspezifischen Begriff zurückzugreifen, um die für eine sachliche Kritik notwendige Anschlussfähigkeit meiner Gedanken zu gewährleisten.

Zweitens erlaubt es mir der Essay, meine Ausführungen ohne Anspruch auf inhaltliche Vollständigkeit darzulegen. Denn nicht nur die Halbwertszeit des Wissens nimmt ab, wodurch das, was heute aktueller Konsens ist, morgen bereits überholt sein könnte, sondern auch die Wissensgebiete selbst sind so mannigfaltig und ausgefranst, dass es schier unmöglich wäre, alles und jeden in gebührendem Maße zu berücksichtigen. Demzufolge zollen auch die vorliegenden, eher kurzen Ausführungen zum SPIEL DES LEBENS meinem begrenzten Wissensstand zum Zeitpunkt der Niederschrift sowie meiner Präferenz für ausgewählte Gedankengänge Tribut, ohne dass dies – wie es bei einem wissenschaftlichen Aufsatz der Fall wäre – einen substanziellen Makel darstellt.

Drittens erheben meine persönlichen und damit rein subjektiven Ausführungen zum SPIEL DES LEBENS keinen Anspruch auf irgendeine „Universelle Absolute Wahrheit", die für jeden Menschen und für alle Zeiten verbindlich gelten sollte. Jeglicher Anspruch auf „Universelle Absolute Wahrheit" wirft in meinen Augen und mit den Worten des Philosophen Gianni Vattimo unausweichlich einen „Schatten von Gewalt", denn das „Absolute" ist zugleich automatisch auch die Wurzel von Fundamentalismus und Dogmatismus, indem es abweichende Wahrheiten per se für falsch erklärt und die Anhänger der eigenen Wahrheit über andere Menschen erhöht. Da wir über die „Universelle Absolute Wahrheit" aufgrund unserer subjektiven Weltanschauung jedoch an sich gar nichts mit letzter Gewissheit wissen können, sehe ich mich hier in der Tradition des Skeptizismus bzw. des **Ontologischen Relativismus**. Stellvertretend dafür steht bspw. der berühmte Ausspruch von Sokrates: „Ich weiß, dass ich nicht weiß"[1]. Im Buddhismus gibt es hierzu eine schöne Parabel, die diesen Grundgedanken humorvoll aufgreift:

---

[1] Dieser Ausspruch wird oftmals als „Ich weiß, dass ich nicht̲s̲ weiß" zitiert, wobei es sich dabei um einen Übersetzungsfehler handelt. Mit seinem Ausspruch behauptet Sokrates also nicht, dass er nichts wisse, obwohl es etwas zu wissen gibt, sondern er bezweifelt die Annahme, dass man überhaupt mit Sicherheit wissen könne.

Es waren einmal fünf weise Gelehrte. Sie alle waren blind. Diese Gelehrten wurden von ihrem König auf eine Reise geschickt und sollten herausfinden, was ein Elefant ist. Und so machten sich die Blinden auf die Reise nach Indien. Dort wurden sie von Helfern zu einem Elefanten geführt und versuchten, sich durch Ertasten ein Bild von dem Elefanten zu machen. Als sie zurück zu ihrem König kamen, sollten sie ihm nun über den Elefanten berichten. Der erste Gelehrte hatte den Rüssel des Elefanten betastet. Er sprach: „Ein Elefant ist wie ein langer Arm." Der zweite Gelehrte hatte das Ohr des Elefanten ertastet und sprach: „Nein, ein Elefant ist vielmehr wie ein großer Fächer." Der dritte Gelehrte sprach: „Aber nein, ein Elefant ist wie eine dicke Säule." Er hatte ein Bein des Elefanten berührt. Der vierte Weise sagte: „Also ich finde, ein Elefant ist wie eine kleine Strippe mit ein paar Haaren am Ende", denn er hatte nur den Schwanz des Elefanten ertastet. Und der fünfte Weise berichtete seinem König: „Also ich sage, ein Elefant ist wie eine riesige Masse, mit Rundungen und ein paar Borsten darauf." Dieser Gelehrte hatte den Rumpf des Tieres berührt. Nach diesen widersprüchlichen Äußerungen fürchteten die Gelehrten den Zorn des Königs, konnten sie sich doch nicht darauf einigen, was ein Elefant wirklich ist. Doch der König lächelte weise: „Ich danke Euch, denn ich weiß nun, was ein Elefant ist: Ein Elefant ist ein Tier mit einem Rüssel, der wie ein langer Arm ist, mit Ohren, die wie Fächer sind, mit Beinen, die wie starke Säulen sind, mit einem Schwanz, der einer kleinen Strippe mit ein paar Haaren daran gleicht und mit einem Rumpf, der wie eine große Masse mit Rundungen und ein paar Borsten ist." Die Gelehrten senkten beschämt ihren Kopf, nachdem sie erkannten, dass jeder von ihnen nur einen Teil des Elefanten ertastet hatte und sie sich zu schnell damit zufriedengegeben hatten.

Aus diesem Grund möchte ich in diesem Essay weder „Universelle Absolute Wahrheiten" begründen und für alle als verbindlich erklären, noch alternative, mir unbequeme Gedankengänge als absolut falsch abtun.

Dennoch vertrete ich die Ansicht, dass jeder Mensch zwingend seine eigene **persönliche absolute Wahrheit** benötigt, anhand derer er sein Weltbild ausrichten kann. Sie stellt das Fundament dar, auf dem er bauen kann. Den Standpunkt, auf dem er im wahrsten Sinne des Wortes *stehen* kann. Schon Archimedes sagte: „Gib mir einen Punkt, wo ich hintreten kann, und ich bewege die Erde". M.E. ist es prinzipiell unmöglich, *keine* persönliche absolute Wahrheit, d.h. keinen festen Standpunkt zu haben. Selbst ein Solipsist, der davon ausgeht, dass nur das eigene Bewusstsein und nichts außerhalb davon mit Gewissheit existiert, baut mit diesem Weltbild auf einer persönlichen absoluten Wahrheit auf. Das gleiche gilt für den Nihilisten, der bspw. die Gültigkeit moralischer Werte verneint. Im Akt der Verneinung ihrer Gültigkeit offenbart sich auch hier die persönliche absolute Wahrheit, die dem Nihilisten diese Verneinung überhaupt erst ermöglicht.

Diese persönliche absolute Wahrheit, die ein jeder Mensch zwingend benötigt, ist jedoch eine andere als die zuvor beschriebene „Universelle Absolute Wahrheit", denn ihr Wahrheitsanspruch beschränkt sich lediglich auf das eigene Weltbild und braucht für ihre Gültigkeit innerhalb dieses Weltbildes nicht auf andere Menschen ausgedehnt zu werden. Daher möchte ich auch wann immer angebracht die Formulierung „ich" vor eine Aussage setzen, um sie als *meine* Aussage zu kennzeichnen und mich nicht hinter vermeintlich allgemeingültigen Phrasen wie „es *ist* so" oder „wie *man* weiß" zu verstecken. Gerade letzteres ist ein beliebtes und verführerisches rhetorisches Stilmittel, um mithilfe des „man" seinen eigenen Ansichten und Verhaltensweisen im Sinne Martin Heideggers den unreflektierten Schein der Allgemeingültigkeit zu verleihen.

Mit dieser Haltung im Geiste möchte ich in den nachfolgenden Kapiteln behutsam meine Gedankenwelt ausbreiten. Sollte sich der eine oder andere Leser von meinen Worten dennoch verletzt fühlen, so bitte ich bereits im Vorfeld um Entschuldigung für missverständliche Aussagen und ungeschickte Formulierungen und hoffe auf Nachsicht und Verständnis für unbeabsichtigte Kränkungen.

Zu guter Letzt möchte ich einigen Freunden und Wegbegleitern an dieser Stelle meinen tiefsten Dank aussprechen. Sie haben maßgeblich zur Schärfung meiner Gedanken beigetragen, und ohne sie hätte ich diesen Essay wohl niemals geschrieben. Darunter zählen u.a. Stephan Ehrich, Diana Dengler, Claude Mannewitz, Florian Methner, Philippe Bahlburg, Sara Schlegel, Min-Ju Kim, Patrick Schopohl und Roy Matthes. Einen besonderen Dank möchte ich auch meiner Seelenpartnerin im Geiste, Gökce Schimmelpfennig, aussprechen. Ihr Dasein in meinem Leben ist eine unermessliche Bereicherung.

Ich wünsche dem Leser viel Spaß auf der Reise durch die Welt meiner Gedanken und hoffe, mit diesem Essay auch die eine oder andere Inspiration für das *eigene* SPIEL DES LEBENS setzen zu können. Denn nur das eigene Leben lässt sich unmittelbar erfahren und verändern, weshalb letztendlich auch jeder für sich alleine spielen muss.

Berlin, im September 2017   Shamsey Oloko

Bereits als Jugendlicher haben mich Lebensregeln und Weisheiten aus aller Welt fasziniert. Die kunstvollen Verdichtungen von mehr oder weniger tiefsinnigen Wahrheiten in nur wenigen Worten und Sätzen versprachen bereits in frühen Jahren Orientierung im Leben – und gaben dem, der sie angemessen rezitierte, den oberflächlichen Anstrich von tiefgründiger Weisheit. Insbesondere drei Weisheiten haben mich in meinen Jugendjahren nachhaltig geprägt:

- ❖ Werde erst selbst gesund, bevor Du anfängst andere zu heilen

- ❖ Behandle andere so, wie Du von ihnen selbst behandelt werden möchtest

- ❖ Do it right, or don't do it at all

In der ersten Weisheit betrachtete ich es als Pflicht, zunächst mit mir selbst ins Reine zu kommen, bevor ich sowohl Energie als auch Ratschläge an meine Mitmenschen verteilte. Die zweite Weisheit ist eine Variante der Goldenen Regel, die mir die Grenzen meiner eigenen Freiheit deutlich vor Augen hielt, denn – um es mit den Worten von Immanuel Kant zu formulieren – „die Freiheit des einzelnen endet dort, wo die des anderen beginnt." Die dritte und letzte Weisheit bezieht sich auf den Vorsatz, Handlungen, für die ich mich entschieden hatte, konsequent und entschlossen durchzuführen, denn – mit den leicht abgewandelten Worten des Dichters Ezra Pound – „ist ein Mensch nicht bereit, für seine Überzeugungen einzustehen, dann taugen entweder der Mensch oder die Überzeugungen nichts."

Während mich dieses Weisheits-Trio wohlbehütet durch die Schulzeit und anschließend auch durch das Studium und die Promotion manövrierte, hatte ich im Jahr 2012 ein Schlüsseljahr, in dem das vermeintlich unzerstörbare Fundament meines Trios krachend zusammenbrach und mir seine Unzulänglichkeit in den großen Lebensfragen schonungslos offenbarte. Zum einen war da der Tod meines Großvaters. Bis dato hatte der Tod in meinem Leben lediglich eine untergeordnete Rolle gespielt und kaum an meiner Bewusstseinsschwelle gekratzt. Spätestens jedoch auf der Beerdigung wurde mir deutlich bewusst, dass ich dem Tod bislang nur mit konsequenter Ignoranz und Verdrängung begegnet war und mich noch nie ernsthaft mit ihm auseinandergesetzt hatte. Quasi in der absurden und einer stückweit vielleicht sogar arroganten Annahme, dass er mich *definitiv* erst im hohen Alter ereilen wird und ich bis dahin *mit Sicherheit* noch ein langes und schönes Leben vor mir haben werde. Doch was ist eigentlich der Tod? Der böse Gegenspieler vom Leben? Oder gar Leben aus einem anderen Blickwinkel? Der Beginn von etwas Neuem oder das Ende von Allem? Warum fürchten wir ihn? Und wurde er schon immer, zu jeder Zeit und von allen Kulturkreisen und Menschen gefürchtet?

Zum anderen führte eine unerfüllte Liebe dazu, dass mich der Liebeskummer in schmerzhafter Umklammerung festhielt. Doch wie kann das, was eigentlich wunderschön sein sollte und Menschen auf der ganzen Welt zu intensiven Erlebnissen und künstlerischen Hochleistungen inspiriert, auf der anderen Seite so viel Leid und Kummer erzeugen? Bedarf es der Fähigkeit zu leiden, um überhaupt lieben zu können? Und ist der Mensch komplett machtlos gegenüber dem, was er fühlt? Ein Sklave seiner Emotionen? Ist er dann überhaupt frei? Und wofür trägt er dann noch die Verantwortung?

Die dritte leidvolle Erfahrung in diesem Schlüsseljahr war ein gefühlter Quasi-Burnout im Rahmen meiner Tätigkeit als geschäftsführender Gesellschafter einer Marketingagentur, die ich einige Jahre zuvor gemeinsam mit zwei Freunden gegründet hatte. Seit Jahren ohne Urlaub und angetrieben durch die fiebrige Hoffnung, dass sich meine Anstrengungen irgendwann mal auszahlen würden, stieß ich in dem besagten Jahr an die Grenzen meiner Leistungsfähigkeit. Wie der berühmte Hamster im Hamsterrad stellte ich mir daher Fragen nach der Sinnhaftigkeit der tagtäglichen Tortur. Auf wie viel sollte man im Hier und Jetzt verzichten, damit das Leben in ferner Zukunft besser wird? Was ist, wenn diese Zukunft niemals kommt oder das vermeintliche Glück sich als reine Illusion entpuppt und nach einiger Zeit von neuen Begierden zerfressen wird? Was genau macht mich eigentlich glücklich und zufrieden?

Mit diesen drei Mühlsteinen im Gepäck nutzte ich die Feiertage zum Jahresende, um mich erstmals systematisch mit der Suche nach Antworten auf meine verschiedenen Fragen zu beschäftigen. Ich wollte nicht darauf vertrauen, dass die Antworten ihren Weg schon von alleine zu mir fänden bzw. dass ich irgendwann später in meinem Leben, wenn ich erstmal dies und jenes erreicht hätte, die Zeit dazu fände, mich ausgiebig mit der Thematik zu beschäftigen. Ich wollte *selbst* und *jetzt* aktiv werden.

Bereits nach kurzer Zeit stellte sich heraus, dass mir das Buffet der Antworten der großen Weltreligionen aus verschiedenen Gründen nicht genügte. Es fiel mir schwer, einfach nur an ein Tröstungsversprechen zu glauben und darauf zu vertrauen, dass *alles* in einem der Erfahrung nicht zugänglichen Jenseits *irgendwann* schon *irgendwie* durch *irgendwen* für *alle Zeiten* letztendlich *gut* werden würde. Ich wollte nicht einfach nur beten, mich zurücklehnen und auf ein göttliches Zeichen oder Wunder hoffen – und ein Ausbleiben dieses Wunders mit dem Totschlagargument „Gottes Wege sind unergründlich" erklären, um meine Zweifel mit Dogmen und Glaubenssätzen zu ersticken. Ich wollte meine Vernunft einsetzen, Zusammenhänge erkennen und Verantwortung übernehmen. Kurzum: Ich wollte mich im Sinne des Orakels von Delphi „selbst erkennen" und gleichzeitig im Sinne des Schlachtrufes der Aufklärung „mutig meinen eigenen Verstand benutzen", um Glauben von Wissen sowie gut von schlecht unterscheiden zu können.

Nach dem Einlesen in verschiedene Ideen und Gedankengänge der Menschheitsgeschichte, erweckte insbesondere der Buddhismus mein Interesse. Allerdings nicht als tumbe Reaktion auf eine hochgepeitschte Modeerscheinung in westlichen Ländern, sondern aufgrund der sehr rationalen und klaren Weltanschauung einerseits sowie des selbstkritischen Anspruchs des Buddhas andererseits, nur das für wahr zu halten, was der eigenen *Erfahrung* und *Erkenntnis* zugänglich und damit überprüfbar ist.[2] Ein Anspruch, mit dem ich mich auch 2.500 Jahre später

---

[2]   Hierzu steht im Kalama Sutra: „Gebt euch nicht zufrieden mit Gehörtem oder mit Tradition oder mit überlieferten Legenden oder mit dem in alten Schriften Gesagten

noch identifiziere. Mit dem Beginn des Jahres 2013, das mich für einige Zeit in ein tibetisches Kloster in Kathmandu, Nepal führte, begann meine vertiefte Auseinandersetzung mit mir selbst. Seither habe ich unzählige Bücher und Artikel gelesen, zahlreiche spannende Diskussionen geführt und intensive körperliche und geistige Erfahrungen gemacht – wobei sich meine Leidenschaft mit der Zeit nicht nur auf den Buddhismus, speziell den säkularen Buddhismus,[3] beschränkte, sondern verschiedene Themengebiete miteinschloss, die sich im Kern den großen Fragen des Lebens aus verschiedenen Blickwinkeln nähern. Darunter insbesondere Gedankengänge aus der Philosophie, der Psychologie, der Psychonautik und der Mystik.[4]

---

oder mit Mutmaßungen oder mit Schlussfolgerungen oder mit dem Abwägen des Augenscheinlichen oder mit dem Hinneigen zu einer Anschauung nach reiflicher Überlegung oder mit eines anderen Fähigkeiten oder mit dem Gedanken ‚Dieser Mönch ist unser Lehrer'. Wenn ihr für euch selbst wisst: ‚Diese Dinge sind zum Heil, ohne Makel, von den Weisen gutgeheißen, und wenn man sie annimmt und anwendet, führen sie zu Wohlergehen und Glück', dann solltet ihr sie üben und bei ihnen bleiben."

[3] Innerhalb des Buddhismus gibt es verschiedene Schulen, die sich traditionell in die beiden Hauptrichtungen Mahayana (eher Nordasien) und Theravada (eher Südasien) unterteilen und auf zum Teil unterschiedlichen Lehrreden aufbauen. Der säkulare Buddhismus, der insbesondere auf den Gedanken von Stephen Batchelor basiert, gehört keiner dieser beiden Hauptrichtungen an. Er hat den Anspruch, den Buddhismus frei von religiösen Interpretationen und Traditionen zu verstehen und sich auf die in den zeitlichen Kontext gesetzten Kernaussagen des Buddhas in seinen ältesten Lehrreden zu konzentrieren. Damit entspricht der säkulare Buddhismus meiner Vorstellung einer auf das Diesseits orientierten, praktischen Lebensphilosophie, die unabhängig von den vermeintlichen Wundern des Buddhas (bspw. konnte er bei seiner Geburt angeblich sofort gehen und sprechen), der Anbetung buddhistischer Gottheiten (bspw. der Elfköpfige Tausendarmige Bodhisattva Avalokiteshvara) oder dem Befolgen von Ritualen (bspw. das Drehen von Gebetsmühlen, um gutes Karma anzuhäufen) ihre Wirkung nicht durch dogmatisches Glauben, sondern durch Vernunft und Erfahrung entfaltet.

[4] Ausgeklammert habe ich stets solche Ansätze, die ihr Lehrgebäude größtenteils auf Irrationalität oder Glauben an „Universelle Absolute Wahrheiten" aufgebaut haben und mir dadurch nicht plausibel oder zu dogmatisch erschienen. Dazu zählen zahlreiche spirituelle Lebensratgeber und auch viele Bereiche der Esoterik. Das Angebot von AstroTV mit spiritueller Live-Beratung via Astrologie, Tarot oder Channeling

Auf diese Art und Weise reifte im Laufe der Jahre die Idee, meine Erkenntnisse in die Struktur des SPIEL DES LEBENS einzugießen und für mich selbst aber auch für andere eine Orientierungshilfe und Diskussionsgrundlage zu schaffen. Den Bestandteilen eines SPIELS folgend, führte dies zu folgenden Fragestellungen:

❖ SPIELFELD: Was sind Form, Beschaffenheit und Wesen der Wirklichkeit? (Kap. III)

❖ SPIELREGELN: Welche Gesetzmäßigkeiten gelten für das Leben? (Kap. IV)

❖ SPIELZIEL: Was ist der Sinn des Lebens? (Kap. V)

❖ SPIELER: Wie ist die Beziehung zwischen Körper, Geist und Seele? (Kap. VI)

❖ SPIELEN: Wie lässt sich das Leben aktiv gestalten? (Kap. VII)

Um innerhalb dieser einzelnen Bestandteile auch verschiedene Gedankengänge miteinander vergleichen und bewerten zu können, bedurfte es jedoch zunächst eines nachvollziehbaren Bewertungsmaßstabs. Ein Prüfstein musste her.

---

kann hierzu exemplarisch herangezogen werden. Ich kann natürlich nicht behaupten, dass dortige Konzepte, Methoden und Erkenntnisse definitiv falsch oder nicht hilfreich wären, aber ich kann für *mich* festhalten, dass diese Ansätze weder *meinen* Fähigkeiten noch *meinen* Interessen entsprechen.

KAPITEL II – MEIN PRÜFSTEIN

Wie bereits an einigen Stellen deutlich herausschimmert, bin ich im Grunde meines Herzens ein Skeptiker, der nicht viel von „Universellen Absoluten Wahrheiten" hält – jedoch jede Menge von persönlichen absoluten Wahrheiten. Um letztere zu erkennen, bedarf es der Ausarbeitung eines individuellen Prüfsteins, anhand dessen die Welt geordnet werden kann. Auch ich habe so einen Prüfstein, der aus zwei Wahrheitskriterien und zwei Bewertungskriterien besteht. Dieser Prüfstein ist die Grundlage für die Auswahl meiner persönlichen absoluten Wahrheiten, und dieser Prüfstein ist es auch, anhand dessen sich diese Wahrheiten immer wieder aufs Neue kritisch messen lassen müssen.

A. Wahrheitskriterien

(1) **Wahr & Falsch**: Descartes sagte einst: „Akzeptiere nur als wahr, was unbezweifelbar gewiss ist". Ein sehr schönes, wenngleich auch schlichtweg unmögliches Wahrheitskriterium, da fraglich ist, was tatsächlich für *alle* Zeiten unbezweifelbar ist und *ob* und *wie* dies durch *mich* überhaupt ermittelt werden kann. Kant wies daraufhin, dass wir über die Welt, dem „Ding an sich", eigentlich nichts mit Gewissheit sagen können, da bereits die Art unserer Erkenntnisgewinnung keinen gesicherten Anspruch auf Vollständigkeit erheben kann. Es gibt kein Wissen, das nicht durch den Filter des menschlichen Bewusstseins gegangen ist und daher frei von *menschlicher* Erkenntnisgewinnung ist. Dennoch steckt in Descartes' Aussage ein wichtiger Aspekt, nämlich der konstruktive Zweifel als Treiber der Erkenntnisgewinnung. Er ist der natürliche Feind von dogmatischen Aussagen und zugleich Motor der modernen Wissenschaft. Die Herausforderung liegt also darin, diesen konstruktiven Zweifel als Grundprinzip beizubehalten und zugleich die strengen Anforderungen an die Wahrheit abzuschwächen.

In diesem Zusammenhang favorisiere ich eine modifizierte Variante als mein **Wahrheitskriterium ersten Ranges**, die auf der Idee des **Falsifikationsprinzips** aufbaut. Da ich keine absolute Gewissheit haben kann, gilt eine Theorie (über die Welt) für mich immer dann als (vorläufig) wahr, wenn sie erstens rational, d.h. vernünftig hergeleitet wurde, zweitens falsifizierbar, d.h. durch empirische Methoden überprüfbar und widerlegbar ist sowie drittens bislang empirisch noch nicht falsifiziert werden konnte. Mit anderen Worten und in Anlehnung an Descartes: „Akzeptiere nur als vorläufig wahr, was *vernünftig* und *empirisch überprüfbar* ist und bislang noch *nicht falsifiziert* wurde". Hier folge ich dem von Karl Popper begründeten **Kritischen Rationalismus**. Dieser setzt voraus, dass Theorien zwingend empirisch überprüfbar sein müssen, damit sie als (vorläufig) wahr oder falsch bewertet werden können. Damit unterscheiden sie sich klar von metaphysischen Spekulationen mit unüberprüfbaren Dogmen und Theorien zu bspw. Gott, Paradies, Nirvana, Reinkarnation, Walhalla etc. Über all diese Dinge kann ich zwar trotzdem eine Meinung haben – und laut Kant gehört es auch zum Wesen des Menschen, sich stets eine Meinung darüber zu bilden – aber ich kann sie empirisch nicht überprüfen, weshalb sie wahr oder falsch sein können, ohne dass es mir vielleicht jemals möglich sein wird, hierzu eine eindeutige Aussage zu treffen. Es ist der Bereich des reinen Glaubens ohne Überprüfbarkeit durch ein Wahrheitskriterium.[5]

---

[5] Ich sage nicht, dass die heutigen wissenschaftlichen *Ergebnisse* im alleinigen Besitz der Wahrheit sind, denn damit hätte ich wieder das Problem der „Universellen Absoluten Wahrheit" und würde in das Horn all derer blasen, die den metaphysischen Gott einer Religion durch das reduktionistische Weltbild der Wissenschaft (Szientismus) ersetzen. Allerdings bin ich der festen Überzeugung, dass die wissenschaftliche *Methodik* das für mich am besten funktionierende Werkzeug zum rationalen und systematischen Erkenntnisgewinn ist – aus welchen Quellen auch immer die

(2) **Plausibel & Unplausibel:** Eine schwächere Form des Wahrheitskriteriums ersten Ranges basiert auf der **Plausibilität** und bildet für mich das **Wahrheitskriterium zweiten Ranges.** Grundlage für die Plausibilität ist die Vernunft, die auch schon im Wahrheitskriterium ersten Ranges enthalten ist, hier jedoch ohne zusätzliche empirische Fundierung auskommen muss. Die Vernunft entscheidet über den Grad der Plausibilität, wodurch andere Ansätze wie bspw. göttlichen Offenbarungen, überlieferte Dogmen oder willkürliche Bauchentscheidungen zum *Gegenstand* des Wahrheitskriteriums werden, nicht jedoch zu dessen *Ursprung*. Die Plausibilität kommt stets dann zur Anwendung, wenn eine Theorie noch nicht empirisch überprüft wurde oder aber – wie bei metaphysischen Spekulationen – auch nicht überprüft werden kann.

Konkret heißt das bspw., dass ich zwar nicht sagen kann, ob es einen christlichen Himmel gibt, da er mir empirisch nicht zugänglich ist. Ich kann jedoch eine Aussage darüber treffen, ob und warum ich die Annahme eines Himmels prinzipiell für plausibel oder unplausibel halte. Ich könnte in diesem Fall bspw. argumentativ ins Feld führen, dass das Konzept des christlichen Himmels von Annahmen ausgeht, die inhaltlich unlogisch sind, historisch fehlerhaft überliefert und aus machtpolitischen Gründen nachträglich eingeführt wurden, so dass zwar nicht die *Idee* des christlichen Himmels per se als wahr oder falsch beurteilt wird (Wahrheitskriterium ersten Ranges), jedoch die zugrundeliegenden *Annahmen* als unplausibel eingestuft werden (Wahrheitskriterium zweiten Ranges), weshalb ich wiederum

---

Theorien und Hypothesen letztlich kommen mögen. Genau dieser Haltung entspricht auch die Aussage des Buddhas aus dem Kalama Sutra, der zufolge nichts einfach nur geglaubt, sondern alles stets für sich selbst empirisch und rational überprüft werden soll.

auch die Idee als unplausibel verwerfe.[6] Nehmen wir als weiteres Beispiel die Annahmen zur Existenz von Außerirdischen. Bislang konnte deren Existenz empirisch nicht belegt werden, weshalb die Annahmen nicht als wahr bestätigt werden konnten (Wahrheitskriterium ersten Ranges). Gleichwohl gibt es zahlreiche Gründe wie bspw. die zunehmend wachsende Anzahl an Exo-Planeten in habitablen Zonen, die schon allein mit Blick auf die Wahrscheinlichkeitsrechnung eine Existenz außerirdischer Lebensformen plausibel erscheinen lassen (Wahrheitskriterium zweiten Ranges).[7]

B. Bewertungskriterien

(1) **Nützlich & Nutzlos**: Der zweite Aspekt meines Prüfsteins betrifft die Frage der subjektiven Bewertung und drückt meine innere Haltung aus, die ich zu den Dingen einnehme. Mit Blick auf die Bewertung von Gedankengängen basiert mein **Bewertungskriterium ersten Ranges** auf der **Nützlichkeit**, die ich mit dem Gedankengang verbinde und die sich in dem gedachten Begriff

---

[6] Es wundert mich stets, warum in den landläufigen Vorstellungen zum christlichen Himmel auf ewig die gleichen einschränkenden naturwissenschaftlichen Gesetzmäßigkeiten wie auf der Erde gelten sollten (ein dreidimensionaler Raum, die Idee der Zeit in Form von Veränderung, die Biologie des Körpers etc.) und warum im muslimischen Himmel 72 Jungfrauen die offenbar auch nach dem Tod noch existierenden sexuellen, obwohl von der Natur eigentlich nur zur Fortpflanzung gedachten Bedürfnisse, (nur) der Männer befriedigen sollten – wobei es unter Rechtsgelehrten ohnehin strittig ist, ob mit den im Koran genannten „großäugigen Huris" überhaupt Jungfrauen und nicht etwa weiße Trauben gemeint sind.

[7] Der Astrophysiker Frank Drake geht mit seiner Drake-Formel von rund zehntausend intelligenten Zivilisationen in unserer Galaxie aus, räumt jedoch ein, dass die Zahl extrem unsicher ist. Anders als das Konzept des christlichen Himmels lassen sich die Aussagen zur Existenz von Außerirdischen jedoch durchaus empirisch überprüfen. Spätestens dann, wenn es der Menschheit gelänge, alle existierenden Planeten im Universum auf mögliche Lebensformen zu untersuchen. Natürlich ist das angesichts der Größe des Universums und der Anzahl der Planeten ein zum jetzigen Zeitpunkt völlig aussichtsloses Unterfangen, aber theoretisch zumindest möglich.

„weil" widerspiegelt. Ich finde essen nützlich, *weil* ich meinem Körper Nahrung zuführe und dadurch am Leben bleibe. Ich finde arbeiten nützlich, *weil* ich dadurch meinen nächsten Urlaub finanziere. Diese subjektive Bewertung setzt eine entsprechend subjektive Definition von Nützlichkeit zwingend voraus, die stets mit einem höheren Zweck verbunden ist. Die Bewertung eines Gedankenganges erfolgt dann anhand dessen Qualität als *Mittel zum Zweck.*

Im Falle des christlichen Himmels kann ich die grundlegende Idee per se bspw. als nützlich bewerten, wenn ich davon ausgehe, dass der Glaube an gewisse „Aufnahmekriterien" für das Jenseits die Menschen dazu bringt, im Diesseits auf Nächstenliebe und Mitgefühl zu setzen. Auch die Existenz von Außerirdischen kann ich insofern als nützlich betrachten, als dass ich bei höher entwickelten Lebewesen von einem potenziellen Wissens- und Technologieaustausch ausgehe und ich zudem ein neues Selbstverständnis der Menschheit erhoffe, die sich dann „intern" nicht durch Hautfarbe, Geschlecht, Religion, Kultur oder Nationalität identifizieren und abgrenzen muss, sondern zum ersten Mal „extern" durch die biologische Zugehörigkeit zur Gattung homo sapiens.

Es sei nochmal herausgestellt, dass jegliche Form der Bewertung von einem subjektiv gewählten Referenzmaßstab ausgeht bzw. ausgehen muss, anhand dessen sich diese Bewertung vollzieht. Würde ich Nächstenliebe und Mitgefühl nicht als wünschenswert bzw. nützlich betrachten, dann wäre die Idee des christlichen Himmels in meiner Bewertung nutzlos. Gleiches gälte für die Bewertung der Nützlichkeit des Wissens- und Technologieaustausches sowie des neuen Selbstverständnisses der Menschheit durch Kontakt mit Außerirdischen. Ich halte es daher für wahr, dass der subjektive Referenzmaßstab das Ergebnis einer individuellen, mehr oder weniger bewussten, aber mit

Sicherheit durch Gene, Sozialisation und Situation beeinflussten Wahl ist, für die es keine absoluten, universell gültigen Richtlinien gibt.

(2) **Gut & Schlecht**: Wenn eine Sache oder ein Gedankengang für mich nicht mehr Mittel zum Zweck ist, sondern zum **Selbstzweck** wird, d.h. es kein darüberliegendes Zielsystem mehr gibt, welches es zu erreichen gilt, dann benutze ich hierfür das **Bewertungskriterium zweiten Ranges**, das auf der „**reinen Freude**" beruht und die Attribute gut oder schlecht verleiht. Diese beiden Attribute sind völlig frei von dem moralisch aufgeladenen Alltagsgebrauch zu denken und sind das Ergebnis einer subjektiven Bewertung, bei der die Nützlichkeit keinen Erklärungsbeitrag mehr leistet, sondern etwas Größeres ins Spiel kommt. Ich kann bspw. die Farbe Blau oder den Klang von klassischer Musik ästhetisch und angenehm und daher *gut* finden, ohne dass ich sie nur deswegen gut finde, *weil* ich etwas anderes damit erreichen möchte.[8]

Bezogen auf die obigen Beispiele heißt das, dass ich die Idee des christlichen Himmels, den ich mangels Empirie nicht als wahr

---

[8] Schon Aristoteles sprach davon, dass der Mensch gewisse Dinge nur deswegen positiv bewertet, um mit ihnen etwas anderes, nämlich einen höheren Zweck zu erreichen. Sie sind dementsprechend nur Mittel zum Zweck, wie bspw. Geld, Macht und Besitz. Die „reine Freude" bzw. das „höchste Glück" (Eudaimonia) erstrebt der Mensch jedoch nicht, um damit etwas anderes zu erreichen. Es ist reiner Selbstzweck. Bspw. gehe ich regelmäßig trainieren, *um* gesund zu bleiben und gut auszusehen. Und warum möchte ich gesund bleiben und gut aussehen? *Damit* andere mich attraktiv finden. Und warum möchte ich, dass andere mich attraktiv finden? *Damit* ich einen Partner kennenlerne. Und warum möchte ich einen Partner kennenlernen? *Um* zu lieben und geliebt zu werden. Und wozu möchte ich geliebt werden? *Weil* mich das glücklich macht. Und warum möchte ich glücklich sein? An dieser Stelle versagt die logische Kausalkette. Die „reine Freude" ist daher für mich nie Mittel zum Zweck, sondern der Endzweck aller Bewertung.

beweisen kann und den ich aufgrund der mir geläufigen Vorstellungen als unplausibel betrachte, trotz allem als gut bewerte, da ich den dahinterliegenden Gedanken einer ewigen Glückseligkeit als durchaus angenehm erachte und in ihm kein Mittel zum Zweck, sondern einen potenziellen Selbstzweck sehe. Die Aussagen zur Existenz von Außerirdischen, die ich gegenwärtig ebenfalls nicht empirisch beweisen kann aber die ich für plausibel halte, empfinde ich hingegen lediglich als nützlich, nicht jedoch als gut, weil ich Außerirdische als kulturelle Bereicherung meiner Erlebenswelt betrachte und in ihnen ein Mittel zum Zweck sehe, neue, spannende Erfahrungen zu machen – natürlich nur, sofern sie uns nicht feindselig gestimmt sind.

Es wird deutlich, dass die Benutzung der Attribute gut und schlecht im vorliegenden Essay vom geläufigen Alltagsgebrauch stark abweicht und an die Idee des Selbstzwecks gebunden ist. Kritisch ist anzumerken, dass es möglicherweise immer einen höheren bzw. anderen Zweck gibt, so dass das Attribut *gut* lediglich aus der Unkenntnis bzgl. der Zusammenhänge heraus verliehen wird und eigentlich durch das Attribut *nützlich* ersetzt werden müsste. Eine Trennung der Bewertungskriterien in ersten und zweiten Rang wäre dann sinnlos. Dennoch halte ich es für plausibel, dass es solche Dinge und Gedankengänge gibt, die ich mit einem Mittel zum Zweck verbinde sowie solche, von denen ich den dahinterliegenden Zweck entweder noch nicht kenne oder aber dieser auch gar nicht existiert und somit tatsächlich ein Selbstzweck vorliegt. In beiden Fällen hilft mir die vorliegende analytische Aufspaltung des Bewertungskriteriums dabei, meinen eigenen Bewertungsmaßstab zu hinterfragen und mir über dessen Bedingungen bewusst zu werden. Im Laufe meines Lebens hoffe ich daher entweder Klarheit über den dahinterliegenden Zweck zu erlangen und die Attribute gut und schlecht aufzugeben, oder aber zu erkennen, dass es in einigen

Fällen durchaus eine Art Selbstzweck geben kann bzw. geben muss, der durch nichts anderes mehr erklärt wird.

Beide Seiten des Prüfsteins, die Wahrheitskriterien und die Bewertungskriterien, sind prinzipiell voneinander unabhängig. Etwas, das wahr oder plausibel *ist*, muss nicht automatisch als nützlich oder gut *bewertet* werden und vice versa. Bspw. ist es aus medizinischer Sicht wahr, dass das Leben durch den Tod beendet wird. Ob dies nun jedoch gut oder schlecht bzw. nützlich oder nutzlos ist, hängt u.a. von der Krankheitsgeschichte des Sterbenden und auch von meinen Vorstellungen über den Tod an sich ab. Anderseits ist der versonnene Blick auf die Berge beim Sonnenuntergang womöglich schön und daher im Sinne der reinen Freude als Selbstzweck gut, jedoch weder wahr noch plausibel. Aber auch nicht unbedingt nützlich, es sei denn er dient der körperlichen Entspannung und steigert dadurch spürbar mein Wohlbefinden.

Den oben dargestellten zweiseitigen Prüfstein nutze ich im weiteren Verlauf des Essays, um die verschiedenen Erkenntnisse der Menschheitsgeschichte für das SPIEL DES LEBENS zu analysieren und zu bewerten.

Ein SPIELFELD beschreibt in der Regel einen begrenzten Raum, innerhalb dessen ein SPIEL gespielt wird. Das kann ein Schachbrett sein, ein Fußballfeld oder ein Level beim Computerspiel Counterstrike. Auch der einarmige Bandit im Casino oder der Untergrund beim Armdrücken stellen ein SPIELFELD in jeweils unterschiedlicher Ausprägung dar, in dem das SPIEL gespielt wird. Analog dazu umfasst auch das SPIELFELD im SPIEL DES LEBENS Form, Beschaffenheit und Wesen der Wirklichkeit, innerhalb der das SPIEL DES LEBENS für mich als SPIELER spielbar ist. Es umfasst quasi alles, was ich als „außerhalb" von meinem „Ich" betrachte und nicht zu Körper, Geist und Emotionen zähle, da ich diese dem SPIELER zuordne und im Kapitel VI gesondert betrachte.

Die Fragen zur *Form* und *Beschaffenheit* des SPIELFELDS betreffen in erster Linie die Naturwissenschaft. Unter diesem Begriff werden alle Wissenschaften zusammengefasst, die empirisch arbeiten und sich mit der Erforschung der materiellen Natur befassen. Die Hauptrichtungen untergliedern sich in Astronomie, Geowissenschaften, Biologie, Chemie und Physik. Die sich überschneidenden Gegenstandsbereiche dieser Hauptrichtungen beinhalten das Universum, die Erde, das Ökosystem, die Lebensform, die Zelle, die Moleküle, die Atome, die Atomkerne und die Elementarteilchen. Die Erkenntnisse auf diesen Gebieten helfen dabei zu verstehen, woraus das SPIELFELD *besteht.*[9]

Demgegenüber steht die Frage nach dem *Wesen* des SPIELFELDS, welche hauptsächlich in der Metaphysik als Teilbereich der Theoretischen Philosophie thematisiert wird. Es geht hier im Kern um die Frage, was wir über die Grundstrukturen, die Bedingungen und die Entstehung des

---

[9] Allerdings gibt es eine Einschränkung des Gültigkeitsbereiches der Naturwissenschaft, die gerade von Materialisten gerne vergessen wird und die der Philosoph Roland Böckle wie folgt auf den Punkt bringt: „Naturwissenschaft beschreibt die Materie in Raum und Zeit und sie erlaubt uns deren Gestaltung und Umgestaltung mit unerhörter Sicherheit. Daraus darf weder geschlossen werden, dass es nur Materie gibt, noch dass Naturwissenschaft auch Nicht-Materielles erfassen sollte."

SPIELFELDS aussagen können. Die Erkenntnisse in diesem Bereich versuchen sich an der Klärung, was das SPIELFELD eigentlich *ist*.

Die Naturwissenschaft hat zur Ausdehnung und Beschaffenheit des SPIELFELDS faszinierende Erkenntnisse ans Licht gebracht. In der Physik haben sich bspw. seit den Aussagen von Thales von Milet (alles ist Wasser), Anaximenes (alles ist Luft) oder Heraklit (alles ist Feuer) komplexe Theorien der Teilchenphysik entwickelt, die u.a. am CERN in der Schweiz seit 2008 mithilfe des Large Hadron Collider (LHC), dem größten Teilchenbeschleuniger der Welt, wissenschaftlich untersucht werden. In der Astronomie stellt nicht zuletzt Edwin Hubbles bahnbrechende Beobachtung von 1929, der zufolge das Universum auseinanderdriftet und ergo einen Anfang (Urknall) gehabt haben muss, eine wichtige (und derzeit als wahr geteilte) Erkenntnis dar. In der Biologie wurde 2003 durch die Sequenzierung der DNA im Rahmen des Humangenomprojekts das menschliche Erbgut vollständig entschlüsselt, wodurch die Grundlage für die Erforschung zahlreicher biologischer Prozesse geschaffen wurde.

Die Liste der wissenschaftlichen Errungenschaften ist lang, und es wäre ein aussichtsloses Unterfangen, sie alle in gebührendem Ausmaß zu würdigen. Zudem stehe ich ihnen auch lediglich als interessierter Zaungast gegenüber. Ein Zaungast deswegen, weil mir die Argumente und Erkenntnisse der entsprechenden Theorien aufgrund ihrer zunehmenden Komplexität und des mir fehlenden Fachwissens oftmals nur schwer zugänglich sind. Ich möchte auch nicht in die verführerische Falle tappen, trotz unzureichendem Verständnis irgendwelche Aussagen abzuleiten, die favorisierte Gedankengänge stützen.[10] Allerdings

---

[10] Bspw. werden die rätselhaften Phänomene der schwer verständlichen Quantenphysik nicht selten „missbraucht", um spekulative Gesetzmäßigkeiten – oftmals mit esoterischem Einschlag – als „wissenschaftlich bewiesen" darzustellen, obwohl dies jeglicher Grundlage entbehrt. Als Stichwort sei an dieser Stelle auf esoterische Konzepte wie Quantenheilung oder Quantenmedizin verwiesen. Diese können für den Einzelnen zwar durchaus nützlich sein, lassen sich bis dato aber nicht als plausibel und schon gar nicht als wahr annehmen.

vertrete ich zum jetzigen Zeitpunkt auch die Auffassung, dass das konkrete Wissen um Form, Beschaffenheit und Wesen des SPIELFELDS für das SPIELEN des SPIEL DES LEBENS von eher untergeordneter Bedeutung ist. Ob der Mensch und seine Umwelt nun aus Feuer, Wasser, Erde, Luft, Atomen, Schwingungen oder Energie bestehen, ändert zwar das SPIELFELD, hat aber im Vergleich zu den anderen Bestandteilen des SPIELS den geringsten Einfluss auf das SPIELEN als solches. Man stelle sich dies an einem Schachbrett vor: Ob das Schachbrett nun aus Mahagoni, Marmor oder Plastik besteht, ändert nichts am Schachspiel als solches. Gleiches betrifft die Gestaltung der Schachfiguren: Wenn ich bspw. statt der klassischen Figuren wie Dame, Bauer, Läufer, Turm etc. einfach verschiedenfarbige Steine nehmen und ihnen gedanklich dieselben Eigenschaften übertragen würde, änderte auch dies nicht das Schachspiel als solches. Die SPIELREGELN und das SPIELZIEL blieben unverändert.

Dennoch möchte ich nachfolgend einige naturwissenschaftliche und metaphysische Gedanken zum SPIELFELD vorstellen, die ich persönlich für interessant und grundlegend erachte:

❖ **Zum Wesen der Realität**: Ist das SPIELFELD, das um mich herum wahrnehmbar ist, eigentlich real? Gibt es Pflanzen, Tiere und Steine wirklich? In einigen Denkschulen wird die mir bekannte Realität bzw. Wirklichkeit als eine Illusion betrachtet. Das, was ich über meine Sinne wahrnehme, sei also nicht *real*. Kurz erwähnt sei an dieser Stelle das berühmte Höhlengleichnis von Platon.[11] Aber auch die in verschiedenen Variationen existierenden Theorien zur Scheinwelt gehören in diese Kategorie.

---

[11] Platon beschrieb das Höhlengleichnis wie folgt: Die Menschen leben in einer Höhle und sind an Ketten gefesselt. Sie blicken auf eine Felswand, während hinter ihnen ein Feuer flackert. Auf dieser Felswand sehen sie nur die Schatten von Gegenständen, die hinter ihnen vorübergetragen werden und welche vom Schein des Feuers als Schattenbilder an die Wand vor ihnen projiziert werden. Für die Menschen entsprechen diese Schattenbilder der Realität. Einem Gefangenen werden nun die Ketten genommen und er wird gezwungen, die Höhle zu verlassen. Nach einiger Zeit,

Bspw. die Theorien zur Matrix.[12] Nicht selten geht es diesen Denkschulen denn auch darum, die Illusion zu *transzendieren*, d.h. sie zu durchdringen und zur „wahren" Realität vorzustoßen. Bspw. geht die von Adi Shankara begründete indische Philosophieströmung des Advaita-Vedanta davon aus, dass nur Brahman – das Absolute – existiert und alles andere eine Illusion sei, die es zu transzendieren gelte. Während einige Denkschulen etwas gemäßigter sind und lediglich mit der Unkenntnis über den tatsächlichen Zusammenhang zwischen Illusion und Realität spielen,[13] leugnen andere wiederum sogar gänzlich die Existenz einer „wahren" Realität und halten *alles* für eine Illusion.[14]

---

wenn sich seine Augen schmerzvoll an die Helligkeit der Sonne gewöhnt haben, erkennt er die wahre Realität und den Zusammenhang zwischen Gegenständen und ihren Schattenbildern. Als er daraufhin in die Höhle zurückkehrt, um seine ehemaligen Mitgefangenen zu befreien, weigern sich diese, weil sie ihm nicht glauben und weil sie die Bequemlichkeit der Höhle der Suche nach Erkenntnis vorziehen.

[12] Analog zum Sci-Fi-Film „Matrix" basieren diese Theorien darauf, dass alles um uns herum eine Illusion ist, die künstlich (und mit böser Absicht) erzeugt wurde. Der Millionär und Gründer von Tesla, Elon Musk, hält es bspw. für wahrscheinlich, dass wir in einer von Computern erzeugten Matrix leben, die uns die Realität nur simuliert. Er argumentiert wie folgt: Vor 40 Jahren hatten wir das Computerspiel Pong – zwei Rechtecke und einen Punkt. Mittlerweile haben wir fotorealistische 3D-Simulationen mit Millionen von Menschen, die gleichzeitig spielen. Geht der Fortschritt so weiter, lassen sich Simulationen irgendwann nicht mehr von der Realität unterscheiden. Da dies also technisch bereits (fast) möglich sei, ließe sich Musk zufolge – mit einer etwas akrobatisch anmutenden Logik – daraus ableiten, dass die Menschheit höchstwahrscheinlich bereits in einer Simulation lebt.

[13] Der daoistische Meister Zhuang Zhou hat dies poetisch sehr schön formuliert: „Mir träumte, ich sei ein Schmetterling und flatterte unbeschwert umher. Erwachte, ganz plötzlich – und fragte mich nun, was ich bin: Ein Mensch, der träumt, ein Schmetterling zu sein? Oder ein Schmetterling, der träumt, er sei ein Mensch?"

[14] Speziell bei dieser Sichtweise stellt sich mir jedoch die Frage: Wenn nun eine Illusion per Definition die falsche Deutung von sinnlichen Wahrnehmungen ist, wovon soll diese Illusion dann eine Illusion sein? Bedarf es nicht zwingend einer „wahren" Realität als Kontrast? Wer die Aussage so äußert, dass *alles* nur eine Illusion sei, muss

---

Der Aussage, die Realität sei eine Illusion, schwingt m.E. tendenziell etwas Negatives mit. Wenn meine derzeit wahrnehmbare Realität nur eine Illusion ist, lebe ich einem Trugbild, ohne dass die „wahre" Realität einen Einfluss auf mich hat bzw. für mich erreichbar ist – es sei denn, man geht davon aus, dass sich die „wahre" Realität durch mystische Praktiken erkennen ließe. Sollte ich sie jedoch jemals erkennen, so wäre sie aber an sich niemals empirisch beweisbar, denn solange sowohl die Illusion als auch die „wahre" Realität von meinem eigenen Bewusstsein erkannt und interpretiert werden, unterliegen jegliche Aussagen den Verzerrungen durch meine Subjektivität. Anders ausgedrückt: Wie überprüfe und vergleiche ich die Aussagen eines Meditierenden mit den bewusstseinserweiternden Erfahrungen eines LSD-Trips, den „Gotteserfahrungen" durch Persingers Gotteshelm,[15] oder den Halluzinationen eines an Schizophrenie erkrankten Menschen? Woran kann ich meine angebliche Einsicht in die „wahre" Realität von einer substanzinduzierten oder organisch bedingten Bewusstseinsstörung unterscheiden? Welche Instanz gibt *meiner* Sichtweise Recht?

---

m.E. zwingend eine dahinterliegende Realität annehmen, die man theoretisch „richtig" deuten könnte. Man könnte zwar auch argumentieren, dass hinter der Illusion eine weitere Illusion steht und hinter dieser eine weitere usw., so dass es zu einem infiniten Regress käme. Aber das halte ich weder für plausibel noch für nützlich.

15 Der kanadische Neurologe Michael Persinger hat in den 80er Jahren einen Helm entwickelt, der mittels Magnetspulen bestimmte Gehirnregionen des Menschen stimuliert und dadurch religiöse Erfahrungen hervorruft wie bspw. einen Zustand des Schwebens, die Anwesenheit eines Schutzengels aber auch eine Verbundenheit mit dem Universum. Als Konsequenz stellte Persinger die Annahme auf, dass Religiosität durch Mikroanfälle von Schläfenlappenepilepsie hervorgerufen werde. Allerdings ist dieser Effekt nicht unumstritten und wird in dem neuen Wissenschaftsgebiet der Neurotheologie nach wie vor heftig debattiert – zumal schwedische Forscher um Pehr Granqvist von der Universität Uppsala in einer Replikationsstudie nur einen Placebo-Effekt messen konnten.

Da ich die Idee der Illusion empirisch also weder als wahr noch als falsch bewerten kann, bleibt mir nur das Kriterium der Plausibilität. So wie ich die Welt wahrnehme und empfinde, habe ich den Eindruck, dass die Dinge auch ohne mich existieren und dass sie durchaus wirklich sind. Weder Argumente noch persönliche Erfahrungswerte unterstützen daher die Annahme, dass meine Realität eine Illusion sei. Mit dieser Sichtweise knüpfe ich an die Idee des **Realismus** an. Dabei handelt es sich um ein Sammelbecken für philosophische Denkrichtungen, die prinzipiell davon ausgehen, dass die Dinge auch unabhängig vom menschlichen Bewusstsein existieren. Mit anderen Worten: Ich gehe davon aus, dass die Welt, und damit das SPIELFELD, um mich herum existiert, auch wenn ich sie mal nicht wahrnehme, weil ich bspw. schlafe oder woanders hinschaue, und dass sie auch unabhängig von mir weiter existieren wird, wenn ich dereinst tot bin.[16] Ob ich die Welt dabei so wahrnehme, wie sie *wirklich* ist, wage ich zu bezweifeln, da ich die Welt nur mit *meinen* Augen betrachte. Allerdings halte ich das, was ich wahrnehme, für real. Es ist ein Ausschnitt der Wirklichkeit und keine Illusion.

Alles, was ich wahrnehmen kann, kann ich zudem auch mit Gegensätzen beurteilen. Heiß, kalt, groß, klein, schnell, langsam etc. Diese Möglichkeit konstituiert die Idee der Dualität als ein

---

[16] Damit spreche ich der Realität des SPIELFELDS mein Vertrauen aus, denn streng genommen hat René Descartes gezeigt, dass eigentlich nur das „Ich" mit Gewissheit als existierend angenommen werden kann. Wenn man nämlich die Existenz von allem bezweifelt, so führt der Akt des Zweifelns unweigerlich dazu, dass derjenige, der zweifelt, existieren muss, da er sonst nicht zweifeln könnte. „Cogito ergo sum" – Ich denke, also bin (bzw. zweifle) ich. Die Position des Realismus ist damit eine persönliche Präferenz, die ich für plausibel halte und die sich mit meiner subjektiv empfundenen Weltanschauung und -erfahrung deckt. Ich kann sie jedoch nicht für wahr halten, da sie empirisch nicht überprüfbar ist.

Wesensmerkmal der Realität. In einigen Denkschulen wird jedoch genau diese Idee der Dualität als Illusion betrachtet, die es – mal wieder – zu transzendieren gilt. Auch hier stelle ich mir die Frage, wovon die Dualität denn eine Illusion sein soll? Von der Einheit? Der Verschmelzung mit dem „Großen Ganzen"? Doch setzt die Idee der Einheit nicht die Idee der Dualität zwingend voraus? Wenn alles eins ist bzw. sein kann, muss dann nicht auch alles *nicht* eins sein können?

Persönlich halte ich es daher für plausibel, dass die Idee der Dualität ein fester Bestandteil des SPIELFELDS sein muss und auch nicht transzendiert werden kann. Ich kann mir ein „heiß" ohne die Vorstellung eines „kalt" gar nicht sinnvoll denken. Quasi jedes Attribut denkt seinen Antagonisten zwingend mit. Darüber hinaus empfinde ich die Idee der Dualität auch als nützlich und gut, denn durch sie kann ich meine Erfahrungen im Leben in Worte kleiden sowie mir selbst vergegenwärtigen und an andere weitergeben. An dieser Stelle finde ich die Idee des daoistischen Yin und Yangs recht hilfreich. Diese beiden Begriffe stehen für polar einander entgegengesetzte und dennoch aufeinander bezogene Kräfte oder Prinzipien, die zusammen eine Einheit bilden. Weder das eine noch das andere ist „besser", da das eine stets auf das andere angewiesen ist, um selbst „sein" zu können. Eine auf Dualität basierende Einheit

Ich betrachte daher die Dualität als elementares Wesensmerkmal der Realität, das man weder transzendieren kann noch sollte, da gerade der durch die Dualität bedingte Unterschied eine Bereicherung des Erlebens in der Realität darstellt. Damit vertrete ich die Idee der **Philosophischen Polarität**, die Georg Wilhelm Friedrich Hegel beschreibt als: „von einem Unterschiede, in welchem die Unterschiedenen *untrennbar* sind."

❖ **Zum Wesen des Materiellen**: Harte Steine, liebliche Blumen und kristalline Schneeflocken; Sie alle haben gemein, dass der Mensch sie über seine Sinne wahrnimmt. Auch wenn in den letzten Jahren die Technologie unsere Sinne extrem verbessert hat – bspw. blicken wir mit dem Teleskop weit entfernt in fremde Galaxien und mit dem Mikroskop tief in die Welt der kleinsten Teilchen hinein – so bleiben es letztendlich doch immer dieselben Sinne wie schon seit tausenden von Jahren. Was sie sinnlich erfassen ist die physikalische Welt bzw. die materielle Seite des SPIELFELDS.

Für mich existieren die materiellen Dinge des SPIELFELDS zunächst einmal in **Raum** und **Zeit**. Beides setze ich in meiner Anschauung der materiellen Dinge als wahr voraus, da ich mir in Anlehnung an Kant kein materielles Ding vorstellen oder denken kann, das von mir nicht in Raum und Zeit wahrgenommen wird bzw. zwingend so wahrgenommen werden muss. Man stelle sich nur eine Blume ohne Form und Ausdehnung im Raum vor. Wie würde sie aussehen und woran könnte ich sie überhaupt als eine Blume erkennen? Innerhalb des Raums haben die Dinge meiner Anschauung die bekannten drei Dimensionen Tiefe, Höhe und Breite. Weitere Dimensionen, die speziell zum Raum gehören, sind für mich bislang nicht sinnlich erfahrbar aber theoretisch durchaus möglich.

Neben Raum und Zeit besitzt Materie auch eine **Beschaffenheit**, worunter die Ausprägungen der Materie mit Bezug zu Masse, Härte, Bindungsenergie etc. zusammengefasst werden können. Ein Aspekt, der insbesondere in spirituellen Kreisen immer wieder genannt wird, ist die Schwingung der Materie, die oftmals Ausgangspunkt weiterführender Gedanken und Konzepte ist.[17] Nicht selten wird dafür auch auf die komplizierte

---

[17] In esoterischen Kreisen wird an dieser Stelle häufig auf das „Gesetz der Resonanz" verwiesen. Dies besagt, dass der Mensch mit anderen Menschen und auch mit der Erde harmonisch mitschwingen kann, da alles aus Schwingungen besteht und miteinander resoniert bzw. resonieren kann. So führen bspw. negative Gedanken zu

Stringtheorie als Erklärungsmodell zurückgegriffen. Diese attestiert den Bausteinen der Materie eine permanente Schwingung.[18] Zusammenfassend lässt sich also Materie – und damit auch das SPIELFELD – durch Raum (Tiefe, Höhe, Breite), Zeit und Beschaffenheit beschreiben.[19]

---

negativen Schwingungen – was gerne als die „wahre" Ursache von Krankheiten und Unglück ins Feld geführt wird. Mangels persönlicher Erfahrungswerte, stehe ich diesen Aussagen prinzipiell offen, aber tendenziell skeptisch gegenüber. Ich halte zwar bspw. die Kraft positiver Gedanken zur Selbstheilung (z.B. Placebo-Effekte) für wahr, setze dies jedoch nicht zwingend in einen Zusammenhang mit einer universellen Schwingung aller Dinge, sondern mit einer Einwirkung der Psyche auf biochemische Prozesse im Körper.

[18] Gemäß der Stringtheorie besteht alle Materie aus winzigen, schwingenden „Saiten" (strings). Die Vielfalt ihrer Schwingungen erzeugt die Vielfalt der Teilchen und Kräfte – ähnlich wie die Schwingungen der Saiten einer Gitarre alle möglichen unterschiedlichen Melodien hervorbringen können. Es handelt sich dabei allerdings um eine sehr komplexe Theorie, die derzeit noch kontrovers diskutiert wird. Dennoch ist sie ein interessanter Ansatz, um die allgemeine Relativitätstheorie mit der Quantenphysik zu versöhnen.

[19] Als ein weiteres Wesensmerkmal der Materie hat bereits Pythagoras von Samos festgestellt, dass sie sich als Ausdehnung im Raum stets in Zahlenverhältnissen darstellen lässt. Alles, was wir sehen (und uns auch visuell vorstellen), hat eine Form und lässt sich daher geometrisch beschreiben. Die Form eines Blauwals genauso wie die Form eines Kristalls oder einer Zelle. Aber nicht nur die Form, sondern auch die Bewegung von Materie lässt sich stets mathematisch beschreiben. Bspw. die Schwingung von Materieteilchen in Form von Frequenz. Interessanterweise ermöglicht die Mathematik Erkenntnisse a priori, d.h. bevor sie mit sinnlichen Wahrnehmungen und Erfahrungen angereichert werden. Ein Gedanke und noch ein Gedanke vermitteln mir im Geiste bereits die Idee der Zahl Zwei (bzw. Nicht-Eins), ohne dass ich sie vorab in der Natur sinnlich erfahren haben musste. Ich bin daher geneigt anzunehmen, dass in der Mathematik Gesetzmäßigkeiten zu finden sind, die selbst für einen vermeintlichen Gott verbindlich gelten müssten. Bspw. beweist der Satz von Euklid, dass es unendlich viele Primzahlen gibt. Es ist mir daher nicht möglich, mir einen Gott zu denken, der es schafft zu „bewirken", dass der Satz von Euklid widerlegt und Primzahlen in ihrer Anzahl demzufolge endlich wären. Auch könnte ein Gott keine Antwort auf die Frage nach der Höchsten aller Zahlen geben, denn niemand, selbst ein Gott nicht, kann bis zur Unendlichkeit zählen. Würde man ihn fragen, könnte er also keine Antwort geben, die gültig ist.

❖ **Zum Wesen des Geistigen**: Offenbar gehört nicht alles, was existiert, automatisch auch zur Welt der Materie. Die Erinnerung an meinen ersten Schultag ist nur vor meinem geistigen Auge sichtbar, aber trotzdem irgendwie „real", obwohl nicht physisch greifbar. Gleiches gilt bspw. auch für die Angst vor Prüfungen. Obwohl die Prüfung noch nicht da ist und zudem keine reale Gefahr für mein Leben darstellt, kann ich mich dennoch derart tief in die Vorstellungen der schlimmsten Szenarien hineinsteigern, dass dies unmittelbare Auswirken auf meinen Gemütszustand und meinen Körper hat. Das menschliche Bewusstsein mit seiner subjektiven Erlebnisqualität wirft die Frage nach den Gemeinsamkeiten und Unterschieden zwischen dem Geistigen und dem Materiellen auf und mündet traditionell im klassischen Leib-Seele-Problem.

Mit Blick auf die nach wie vor unbeantwortete Frage, ob das Gehirn das Bewusstsein erzeugt (Materialismus/ Physikalismus), oder ob das Bewusstsein das Gehirn lediglich nutzt, um mit der mir bekannten Wirklichkeit in Interaktion zu treten (Idealismus/ Spiritualismus), gibt es nach wie vor keine eindeutige Antwort. Insbesondere durch den Siegeszug der Neurowissenschaften hat die physikalistische Position in den vergangenen Jahren zahlreiche Anhänger dazu gewonnen, denn viele empirische Daten deuten unter bestimmten Annahmen auf einen entsprechenden Zusammenhang hin. Allerdings muss an dieser Stelle auch kritisch angemerkt werden, dass die Beobachtung von Gehirnaktivitäten lediglich erklärt, *was* gerade *wo* im Gehirn passiert, nicht jedoch, *warum* es passiert, d.h. ob es die *Ursache* für das Bewusstsein oder dessen *Folge* ist oder aber eine zeitgleich auftretende *Begleiterscheinung*. In diesem Zusammenhang weist der Philosoph Philipp Huebl auf einen wichtigen Denkfehler hin: „Wer lediglich Hirnprozesse exakt beschreibt, wechselt von der Ich-Perspektive, der Innen-Perspektive, zu einer objektiven, wissenschaftlichen Perspektive. Doch die Innenperspektive ist ja gerade das, was das Bewusstsein ausmacht."[20]

Da sich diese Fragestellung empirisch nicht zweifelsfrei beantworten lässt, fällt dies in den Entscheidungsbereich des Wahrheitskriteriums zweiten Ranges. Zunächst einmal erscheint es mir nicht plausibel, dass aus reiner Materie mehr oder weniger plötzlich ein so komplexes immaterielles Gebilde wie das (Selbst-)Bewusstsein erzeugt werden könnte. Wie sollte sich Materie selbst wahrnehmen können? Ist das nicht genauso widersprüchlich wie ein Messer, das in der Lage ist, sich selbst zu schneiden? Reicht es etwa, eine exakte Kopie meines Gehirns und seiner Nervenzellen zu erstellen, um auch mein Bewusstsein zu klonen?

Vielleicht ist das Bewusstsein eher wie eine Sendung mit unbekanntem Ursprung, die einen Fernseher (das Gehirn) benötigt,

---

[20] In der Philosophie spricht man diesbezüglich von den Qualia, dem subjektiven Erlebnisgehalt eines mentalen Zustandes, der durch die Beobachtung von außen nicht messbar sein kann. Demnach ist es bspw. von außen nicht zu messen, wie es sich anfühlt, eine Nektarine zu essen oder „Ich" zu sein. Zwar lässt sich in einem Gehirnscanner aufzeigen, welche Regionen des Gehirns durch den Genuss der Nektarine (stärker) aktiviert werden, aber das subjektive Empfinden des Geschmacks der Nektarine, wenn man sie bspw. zum ersten Mal oder zum zehnten Mal isst, wenn man hungrig oder bereits satt ist, aber auch, wenn man damit gute oder schlechte Erinnerungen verbindet, lässt sich in der Aktivierung des Gehirns nicht erkennen. Der Philosoph Roland Böckle schreibt hierzu: „Das Höhere kann nicht aus dem Niederen abgeleitet werden. Dafür ein Beispiel: Ich kann die Druckerfarbe der heutigen Tageszeitung chemisch analysieren. Daraus erhalte ich aber keinen Hinweis darauf, zu welchen Aussagen sich die in Druckerfarbe aufgetragenen Zeichen verbinden, welche Bedeutung sie haben. Zu deren Verständnis bedarf es eines Systems höherer Ordnung – das ist mein Bewusstsein –, das mehr kann als nur chemische Analysen durchzuführen, es kann vor allem darüber entscheiden, ob die chemische Analyse hier sinnvoll ist. Übertragen wir diesen Gedanken auf die Gehirnfunktionen: Es genügt offenbar nicht, die Gehirnströme zu messen, um zu beschreiben, was in meinem Bewusstsein vor sich geht."

um empfangen zu werden? Wenn das Bild nun manchmal verzerrt ist, liegt es nicht zwingend daran, dass die Sendung verzerrt ist. Niemand würde ernsthaft annehmen, dass ein gestörtes Bild im Fernseher ausschließlich durch eine gestörte Sendung verursacht wird. Es ist mindestens ebenso wahrscheinlich, dass der Fernseher kaputt oder falsch eingestellt ist, weshalb der Empfang durch das Gerät, nicht jedoch die Sendung selbst gestört ist.[21]

Zwei Ansätze halte ich im Zusammenhang mit dieser Fragestellung für plausibel. Zum einen ist dies die Idee des **Graduellen Panpsychismus**. Dieser geht davon aus, dass in der Wirklichkeit eine graduelle, zusammenhängende Ordnung des Materiellen und des Geistigen vorliegt, die mit der Komplexität physischer Dinge und lebender Organismen kontinuierlich zunimmt.

---

[21] Gleichwohl ist kritisch anzumerken, dass die Fernseher-Sendung-Analogie nicht die empirisch beobachtbaren Wechselwirkungen zwischen Materie und Geist erklären kann. Wenn ich bspw. Stimmungsaufheller wie Antidepressiva konsumiere und damit den Chemiehaushalt meines Gehirns verändere, so hat dies durchaus einen empirisch nachweisbaren Einfluss auf die Art und Weise, wie ich die Dinge im Geist wahrnehme und bewerte. Bspw. wird meine Haltung positiver und meine Stimmung gelöster. Dieser Effekt würde jedoch bei einem Fernseher, dem ich neue Transistoren einsetzte oder einem elektromagnetischen Feld aussetzte, nicht auftreten. Die Sendung selbst bliebe davon inhaltlich unbeeindruckt, lediglich die Empfangsqualität würde sich verändern. Eine Möglichkeit, diesen Widerspruch zu lösen, wäre die allerdings noch nicht ausgereifte Annahme, dass die Sendung in der besagten Analogie nur das reine Bewusstsein bzw. den klaren Geist darstellt, der eine Art Plattform bzw. Potenzial repräsentiert. Die darauf basierenden Denkprozesse wiederum sind jedoch vom Fernseher und seiner Funktionstüchtigkeit abhängig. Bspw. halte ich es für plausibel, dass das Bewusstsein auch während des Schlafs weiterhin existiert, selbst wenn ich nach einem traumlosen Tiefschlaf aufwache und mich an die Schlafphase nicht bewusst erinnern kann. Auch wenn der Fernseher aus ist oder auf Standby gestellt wird, wird die Sendung schließlich weiter ausgestrahlt. Wenn nun der Stimmungsaufheller meine Stimmung verändert, so verändert er damit zwar die Qualität meiner Denkprozesse (Empfangsqualität), nicht jedoch das reine Bewusstsein (Sendung) selbst.

Kurzum: Das Materielle kann ohne das Geistige nicht gedacht werden, und keines von beiden verursacht das jeweils andere, da beide stets gemeinsam auftreten. Die ganze Welt ist voller Materie mit Geist bzw. Geist mit Materie.[22] Übertragen auf die Fernseher-Sendung-Analogie würde dies bedeuten, dass die Sendung ein untrennbarer Teil des Fernsehers ist und sich mit dem technologischen Fortschritt des Fernsehers ebenfalls weiterentwickelt.

Über diesen in meinen Augen eher naturwissenschaftlicheren Ansatz hinausgehend, halte ich es jedoch auch für plausibel, dass das Geistige zwar gemeinsam mit der Materie auftritt und in der uns bekannten Welt auch an sie *gekoppelt* ist, jedoch nicht von ihr *verursacht* wird und daher auch ohne sie sein kann. Dies entspricht meinem Verständnis von **Metaphysischer Spiritualität**, einer unabhängigen Welt des Geistigen, und lässt sich mit der eingangs formulierten Fernseher-Sendung-Analogie beschreiben. Die Materie (der Fernseher) empfängt auf einer bislang unerklärlichen Art und Weise den Geist (die Sendung), dessen Quelle unbekannt ist. Ein solches Verständnis eröffnet zumindest theoretisch den Raum für spirituelle Erklärungsansätze über den körperlichen Tod hinaus, wie bspw. Reinkarnation oder Leben nach dem Tod.

---

[22] Der Philosoph Patrick Spät geht davon aus, dass analog zur Komplexitätssteigerung von Materie – etwa in Lebewesen, Nervenzellen und schließlich Gehirnen – auch die geistigen Fähigkeiten immer komplexer werden und über einfache Reiz-Reaktions-Muster schließlich zu Vor- und dann Selbstbewusstsein führen. Der „Geist" wäre demnach schon immer in der Materie enthalten und eine spontane (unerklärliche) Emergenz geistiger Eigenschaften im Sinne des klassischen Leib-Seele-Problems wäre nicht mehr nötig. Dieser Ansatz impliziert weder, dass unbelebte Materie wie bspw. Steine sich ihrer selbst bewusst sind, noch dass sie Schmerzen erleiden. Dazu bedarf es eines komplexen Selbstbewusstseins, was nach derzeitigem Kenntnisstand nur den Menschen und einigen Tierarten wie bspw. Menschenaffen, Elefanten oder Delfinen zukommt.

Unabhängig davon, ob nun der Graduelle Panpsychismus oder die Metaphysische Spiritualität plausibler erscheint, lässt sich an dieser Stelle zunächst festhalten, dass innerhalb des SPIEL-FELDS die Materie m.E. nicht das Geistige erzeugt, sondern das Geistige entweder stets gemeinsam mit der Materie auftritt oder aber das Geistige unabhängig von der Materie existieren kann. Die vierte Möglichkeit, dass das Geistige Materie erzeugt, halte ich zum jetzigen Zeitpunkt mit Blick auf die Kernargumente für am wenigsten plausibel, wird aber in einigen Denkschulen ebenfalls vertreten, wie bspw. in der Lehre des Cittamātra, der sogenannten Nur-Geist-Schule im indischen Buddhismus oder in den Spielarten des Idealismus.

Mit der Idee des Geistigen einhergehend steht auch die Frage im Raum, ob alles Geistige prinzipiell miteinander verbunden ist. Hierbei spielt die Idee eines Weltgedächtnisses oder Weltgeists eine wichtige Rolle. In den mir bekannten Konzepten zum Weltgedächtnis sollen in aller Regel Informationen für die Lebewesen und auch für ihre Entwicklung enthalten sein. Carl Gustav Jung hat seinerzeit bspw. empirisch beobachtet, dass es kulturübergreifend ähnliche psychische Grundlagen der Menschen mit Blick auf Religionen, Mythen und Märchen gibt. Hier ist insbesondere sein Archetypenkonzept zu erwähnen, das mit dem kollektiven Unbewussten einhergeht.[23]

---

[23] Archetypen sind weltweit ähnliche oder sogar identische psychische Grundstrukturen, die als unbewusste Wirkfaktoren das menschliche Verhalten und das Bewusstsein beeinflussen. Ein Archetyp als solcher ist unanschaulich und unbewusst. Er ist in seiner Wirkung aber u. a. in symbolischen Bildern erfahrbar, wie bspw. in Träumen, Visionen, Psychosen, künstlerischen Werken, Märchen und Mythen und entspricht zentralen Ur-Erfahrungen der Menschheit wie bspw. Geschlecht, Geburt, Kindheit, Pubertät, Wandlung und Tod.

Etwas mehr in der metaphysischen/ spirituellen Ecke verortet ist die Idee der Akasha-Chronik von Rudolf Steiner, die allerdings in unterschiedlichen Bezeichnungen bereits seit Jahrhunderten Spielball abendländischer Denker gewesen ist. Laut Steiner ist es Individuen angeblich sogar möglich, auf diese Akasha-Chronik zuzugreifen und vergangene Ereignisse übersinnlich wahrzunehmen. Interessanterweise weist dieses Konzept auch Ähnlichkeiten mit dem fernöstlichen ālaya Bewusstsein (Speicherbewusstsein) einiger buddhistischer Schulen auf. Das Speicherbewusstsein sammelt jegliche Erfahrungen eines Lebewesens und stellt die Grundlage der gegenwärtigen und kommenden Existenzen dar. Es erhält Eindrücke aller anderen Formen des Bewusstseins und bewahrt diese als mögliche Energie für weitere Handlungen auf.

Neben Jungs psychologisch motiviertem sowie Steiners spirituell motiviertem Ansatz, gibt es jedoch auch einen dritten, naturwissenschaftlichen Ansatz, der sich bislang unerklärbaren Phänomenen der Biologie zuwendet und diese ebenfalls mit einer Art Weltgedächtnis zu erklären versucht. Es handelt sich dabei um die Theorie des **Morphogenetischen Feldes** des Biologen Rupert Sheldrake. Ausgangspunkt dieser Theorie ist das von ihm so dargestellte Phänomen, dass sich Zellen (z.B. Stammzellen) trotz identischer Gene und Struktur auf bislang unerklärbare Art und Weise zu unterschiedlichen Formen und Funktionen ausbilden. Sheldrakes Lösungsansatz ist zwar in der Fachwelt noch immer heftig umstritten, erscheint mir jedoch zum jetzigen Zeitpunkt zumindest plausibel und diskussionswürdig, zumal er für sich beansprucht, empirisch überprüfbar zu sein und sich zudem nicht nur auf den einzelnen Menschen bezieht, sondern alle Lebewesen miteinschließt.

❖ **Zum Wesen des Lebendigen**: Einhergehend mit der Frage nach den Gemeinsamkeiten und Unterschieden zwischen Materiellem und Geistigem steht auch die Frage nach dem Unterschied zwischen Leben („beseelte" Materie) und Tod („unbeseelte"

Materie) im Raum. Was überhaupt Leben ist, ist nach wie vor eines der größten Rätsel der Menschheit. Sind Viren Lebewesen, wenn ihre Vermehrung ausschließlich von Wirtsträgern abhängt? Haben Zellen bereits ein Leben und besteht der Mensch dann aus Billionen von einzelnen, unabhängigen „Lebewesen", die den Körper formen und ggfs. sogar jeweils ein eigenes Bewusstsein haben? Lebt gar etwas von *mir* im Mülleimer weiter, wenn ich *mir* die Fingernägel schneide? Ist mein Leben bzw. meine Lebendigkeit teilbar?

Zieht man gängige Parameter zur Definition des mir bekannten Leben heran, so ergeben sich häufig folgende Merkmale von Lebewesen:

o Sie bestehen aus Materie
o Sie haben Energie- und Stoffwechsel unter Wechselwirkung mit ihrer Umwelt
o Sie organisieren und regulieren sich selbst (Homöostase)
o Sie pflanzen sich fort (Reproduktion)
o Sie wachsen (Entwicklung)
o Sie sind reizbar und damit fähig, chemische oder physikalische Änderungen in ihrer Umgebung zu registrieren
o Sie verändern sich (Evolution)

Diese Parameter treffen auch auf Zellen zu. Gleichwohl würde ich das Leben einer einzelnen Zelle nicht mit dem Leben eines komplexeren Organismus auf eine Stufe stellen wollen, da letzterer als höheres Gesamtsystem ersteres enthält. Die obige Abgrenzung eignet sich also nur bedingt zur Differenzierung zwischen Leben und Nicht-Leben und ihren graduellen Abstufungen. Zudem stellt sich auch mit Blick auf das Fortschreiten der künstlichen Intelligenz in absehbarer Zeit die Frage, ob und wann ich Maschinen als Lebewesen bezeichnen kann, darf und muss. Ein Roboter wie im Sci-Fi-Film „I, Robot" könnte nach obiger Definition fast schon als lebendig bezeichnet werden – auch wenn ich persönlich das unbestimmte Gefühl hätte, dass es da doch noch irgendeinen Unterschied zwischen Maschinen und Menschen geben müsste. Zum jetzigen Zeitpunkt gehe ich davon aus, dass Leben in zunehmenden Komplexitätsgraden möglich ist (und nein, der Mensch ist *nicht* die Krone der Schöpfung) und durch eine Form von Lebenskraft ermöglicht wird, die in unterschiedlichen Kulturkreisen bspw. Prana (Indien), Qi (China) oder Pneuma (Antike) genannt wird bzw. wurde. All diese Ansätze lassen sich unter der Idee des **Vitalismus** zusammenfassen, der sich auch mit der Idee des Graduellen Panpsychismus und der Metaphysischen Spiritualität vereinbaren lässt. Materie wäre demnach nicht nur vom Geistigen, sondern auch von der Lebenskraft in unterschiedlichen Abstufungen durchzogen, die mit wachsender Komplexität auch wachsende „Lebendigkeit" erlangt. Übertragen auf die Fernseher-Sendung-Analogie wäre der Fernseher (Materie) nur dann zum Empfang der Sendung (Geist) aus sich selbst (Gradueller Panpsychismus) oder aus einer unbekannten Quelle heraus (Metaphysische Spiritualität) bereit, wenn er Strom (Vitalismus) erhielte.

Im Zusammenhang mit Leben und Nicht-Leben steht auch die Frage nach einem Leben nach dem körperlichen Tod im Raum. Es liegt in der Natur der Sache, dass ein Lebender über den Tod an sich nichts sagen kann. Am nächsten kommen womöglich diverse Nahtodberichte. Aber auch hier ist nicht zweifelsfrei zu widerlegen, dass die Erinnerung an den Nahtod nicht nur ein Produkt der Fantasie ist. Es bleibt also nur der Bereich des Glaubens. Den spekulativen Boden der Metaphysik betretend würde ich, so ich denn eine Wahl treffen müsste, die Idee der **Reinkarnation** für die plausibelste metaphysische Annahme halten, wobei die Wiedergeburt nicht zwangsläufig auf diesem Planeten, zu dieser Zeit und mit karmischen Verdiensten unter

Fortführung desselben „Ichs" erfolgen muss.[24] Es ist womöglich einfach das fortwährende Zusammenspiel von Materiellem, Geistigem und Lebendigem in unterschiedlichen Ausprägungen und Kombinationen, ohne dass die jeweils zugrundliegende Substanz jemals völlig verloren geht. Allerdings gestehe ich ein, dass hier meine Neugier und Abenteuerlust meine Wahl entscheidend prägen. Trete ich wieder zurück auf das Gebiet der Vernunft, so betrachte ich die Dinge eher nüchtern: Sterbe ich und es geht nicht weiter, so gibt es kein „Ich", das sich daran stört.[25] Sterbe ich und es geht weiter, so werde ich dem offen und interessiert gegenüberstehen – sofern „Ich" das überhaupt kann.

❖ **Zum Wesen des Göttlichen**: Alle Gedanken zum Materiellen, Geistigen und Lebendigen führen unweigerlich zur Frage nach ihrem Ursprung. Interessanterweise gibt es mit Blick auf die Schwingung der Materie im Sinne der Stringtheorie auch Parallelen zu verschiedenen Schöpfungsmythen. Bspw. ist gemäß der Upanishaden, einer uralten Sammlung philosophischer Schriften des Hinduismus, der Urklang „OM" der Anfang von allem, was existiert. Aus seinen Vibrationen entstand das gesamte Universum. Die Schwingung, die bei einem stetig wiederholten Singen von „OM" entsteht, entspricht angeblich der Schwingung, die als Erstes bei der Schöpfung geschaffen

---

[24] Als Karma wird ein spirituelles Konzept bezeichnet, nach dem jede physische und geistige Handlung eine unweigerliche Folge für den Handelnden hat. Diese Folge tritt nicht zwangsläufig unmittelbar, d.h. im gegenwärtigen Leben auf, sondern kann sich unter Umständen auch erst in einem zukünftigen Leben manifestieren. Da das Karma eine Art einzigartige Seele sowie einen universellen und absoluten Bewertungsmaßstab zur Unterscheidung von gut und schlecht voraussetzt, halte ich das Konzept für unplausibel.

[25] Epikur hat diese Situation prägnant auf den Punkt gebracht: „Das schauerlichste Übel also, der Tod, geht uns nichts an; denn solange wir existieren, ist der Tod nicht da, und wenn der Tod da ist, existieren wir nicht mehr."

wurde.[26] In der modernen Astronomie geht man heutzutage überwiegend von der Urknalltheorie aus. Aus einer Singularität heraus kam es zu einer gemeinsamen Entstehung und Ausdehnung von Materie, Raum und Zeit. Was vor dem Urknall war, bleibt reine Spekulation und ist nicht zuletzt auch der Grund für den Fortbestand metaphysischer und religiöser Spekulationen.[27]

Mit all diesen Ansätzen weitestgehend kompatibel ist der **Monismus**. Bei dieser philosophischen Strömung geht man davon aus, dass sich alle Vorgänge und Phänomene der Welt auf ein

---

[26] Auch der christliche Schöpfungsmythos im Neuen Testament beginnt mit einem Ton: „Am Anfang war das Wort und das Wort war bei Gott und das Wort war Gott. Im Anfang war es bei Gott. Alles ist durch das Wort geworden, und ohne das Wort wurde nichts, was geworden ist" (Johannes 1). Bei den Mayas gab es laut der Überlieferung im Popol Vuh zu Beginn ebenfalls nur Töne: „Dies ist die Kunde, hier ist sie / noch regt sich nichts / nur ein Flüstern ist es / ein Rascheln, nur ein Atemhauch / nur ein Summen / und leer ist der Raum unter dem Himmel". Auch im altägyptischen Schöpfungsmythos von Memphis sprach der Schöpfergott Ptah die mit dem Herzen gebildeten Gedanken laut aus und erschuf so das Universum, den Kosmos und die Welt.

[27] Gerade weil ich kausal denke und mit den Begriffen Ursache und Wirkung bzw. Anfang und Ende meine Welt ordne, bleibt beim Gedanken an den Anfang von allem ein tiefsitzendes, seltsames Gefühl zurück. Dies liegt zumindest in meinem Fall daran, dass unabhängig davon, ob ich an den Anfang von allem einen Gott setze oder nicht, die Frage, wer denn dann diesen Gott geschaffen hat, in einem infiniten Regress mündet. Ich kann mir also nicht mal eine halbwegs zufriedenstellende Spekulation *denken* geschweige denn *vorstellen*. Diese Problematik ist auch als Münchhausen-Trilemma bekannt, denn bzgl. der Letztbegründung stehen mir drei Szenarien zu Verfügung, die allesamt unbefriedigend sind: 1. Ich erkläre etwas in einem Zirkelschluss. Das Huhn kommt aus dem Ei und das Ei aus dem Huhn. Durch diese Erklärung wird nichts erklärt, sondern höchstens beschrieben. 2. Der bereits erwähnte infinite Regress, der vor jeder Wirkung eine Ursache annimmt und diese Kette bis in die Unendlichkeit zurückverfolgt. Es gäbe also nie ein Ende und damit auch keine abschließende Erklärung. 3. Der dogmatische Abbruch, der als letzten Grund bspw. Gott annimmt. Eine Behauptung, die man glauben muss aber nicht wissen kann.

einziges Grundprinzip zurückführen lassen. Ob physikalische Energie des Urknalls oder spirituell-religiöse Kraft des Wortes: Die Idee, dass alles aus einem einzigen Prinzip entstand, quasi einer Art Ur-Energie, die sich in verschiedenen Formen zeigt, finde ich persönlich zum jetzigen Zeitpunkt daher zumindest plausibel.[28]

Während ich zum Ursprung von allem recht wenig sagen kann, kann ich mir zumindest zur Idee des Göttlichen eine Meinung bilden, die sich mangels empirischer Überprüfbarkeit auf das Wahrscheinlichkeitskriterium zweiten Ranges stützt. Persönlich glaube ich nicht an einen oder mehrere personifizierte Götter. Alle mir bekannten Darstellungen der aus meiner Sicht stark vermenschlichten Götter kann ich zwar nicht als falsch belegen, jedoch lehne ich sie als nicht plausibel ab.[29]

---

[28] Wichtig ist an dieser Stelle die Abgrenzung zu solchen Ansätzen, die in der Dualität eine Illusion und in der Einheit die Wahrheit sehen, wie es bspw. beim Advaita Vedanta der Fall ist. Wie bereits in den Ausführungen zur Realität erwähnt, betrachte ich die Idee der Dualität nicht als Illusion, die es zu transzendieren gilt, sondern als Wesensmerkmal der Realität. Trotzdem kann diese auf einem singulären Urprinzip basieren, denn die Idee einer monistischen *Entstehung* des Kosmos ist nicht gleichzusetzen mit einer monistischen *Wirklichkeit*, die eine Dualität verneint.

[29] Alle sogenannten Gottesbeweise, d.h. die Versuche, mithilfe der menschlichen Vernunft die Existenz eines Gottes zu beweisen, wurden widerlegt. Daraus folgt allerdings nicht, dass Gott deswegen nicht existiert, sondern lediglich, dass er nicht rational bewiesen werden kann. Allerdings gibt es für mich mehrere Argumente, warum ich zumindest die Existenz des abrahamitischen Gottes für unplausibel halte: Der Gott (Jahwe) im Alten Testament ist in meinen Augen brutal, rachsüchtig und eitel. Als Beispiele hierfür seien die Sintflut genannt (unzählige Menschen – inkl. Kleinkinder und ungeborene Babys – sowie harmlose Tiere wurden von Gott ertränkt) oder Sodom und Gomorra (Schwefel und Feuer zerstörten die Stadt und ihre Bewohner, weil Gott sie strafen und ihnen nicht helfen wollte). Der Religionskritiker Steve Wells kommt auf 2.821.364 göttlich autorisierte Morde in direkter Bibelzählung und rund 25. Mio. Morde in geschätzter Zählung (inkl. der Apokryphen, d.h. der Texte, die es nicht in die Bibel geschafft haben). Auch der Gott im Neuen Testament – mittlerweile deutlich milder, obwohl eigentlich nach wie vor der identische

---

Gott – muss sich die Frage gefallen lassen, warum die von *seiner* Schöpfung und durch *ihn* erschaffene und ermöglichte Erbsünde in der (allerdings nicht von Jesus vertretenen) Theologie des Apostels Paulus angeblich nur durch den qualvollen Tod seines einzigen Sohnes gesühnt werden konnte. Da sich der Islam als dritte abrahamitische Religion zum einen auf das Alte und das Neue Testament beruft und im Koran zum anderen ebenfalls Gewalt durch Allah verherrlicht wird (z.B. Sure 5, Vers 33: „Der Lohn derer, die gegen Gott und seinen Gesandten Krieg führen und überall im Land eifrig auf Unheil bedacht sind, soll darin bestehen, dass sie umgebracht oder gekreuzigt werden, oder dass ihnen wechselweise Hand und Fuß abgehauen wird, oder dass sie des Landes verwiesen werden"), halte ich die Existenz dieses einen abrahamitischen Gottes der drei großen monotheistischen Religionen für genauso wenig plausibel wie die Existenz des altgriechischen Zeus, des römischen Jupiters, des germanischen Odins oder des altägyptischen Amun-Re. Denn auch diese „Götter" wurden vermenschlicht dargestellt und haben letztlich nur „Pech" gehabt, dass ihre Erzählungen mangels ausreichend großer Anhängerschaft im Volksmund heutzutage *Mythen* und *Märchen* genannt werden, während vergleichbare Erzählungen anderer Götter als *Offenbarung* und *Überlieferung* den Rang einer Religion erhielten. Über die Frage „Kann Gott einen Stein erschaffen, der so schwer ist, dass er ihn selbst nicht mehr anheben kann" bin ich zudem auf die Fragestellungen der Theodizee gestoßen, die sich mit dem Widerspruch zwischen der Wahrnehmung von Leid und Elend in der Welt und der Annahme eines gütigen Gottes auseinandergesetzt hat. Hierzu folgende Erkenntnis: Entweder will Gott die Übel beseitigen und kann es nicht: Dann ist Gott nicht allmächtig. Oder er kann die Übel beseitigen und will es nicht: Dann ist Gott nicht allgütig. Oder aber er weiß nichts von den Übeln dieser Welt: Dann ist Gott nicht allwissend. Die Idee eines persönlichen Gottes, d.h. eines Gottes, der als unabhängige Intelligenz mit eigener Persönlichkeit existiert, erachte ich daher als unplausibel. In diesem Zusammenhang finde ich die Paläo-SETI-Hypothese recht spannend, die in den letzten Jahrzehnten insbesondere von Erich von Däniken zum Teil sehr populistisch und auch durchaus kontrovers diskutiert wird. Zusammengefasst besagt diese Hypothese, dass die Menschheit in ihrer Frühzeit Kontakt zu Außerirdischen gehabt hatte oder sogar von ihnen erschaffen wurde. Wenn ich nun der Vorstellung Glauben schenke, dass „Gott" uns nach seinem Ebenbild geschaffen hat, und der besagte „Gott" sich durch sein Gebärden auch selbst wie ein Mensch verhält, der eben nicht alles weiß (allwissend), nicht alles kann (allmächtig) und nicht alle Menschen gleich behandeln möchte (allgütig), dann lädt mich dies regelmäßig zum kritischen Hinterfragen der etablierten Lehrmeinungen und Glaubenssätze ein. Insbesondere, wenn ähnliche Mythologien in anderen Kulturen existieren wie bspw. die fliegenden Fahrzeuge der indischen „Götter" (Vimanas) und deren Luftkämpfe in den alten indischen Veden, oder wenn uralte Bauwerke wie bspw. Puma Punku in Bolivien eine rätselhafte Hochtechnolo-

Als überzeugter **Agnostiker**, d.h. jemand, der sich über die Begrenztheit des menschlichen Wissens, Erkennens und Verstehens im Klaren ist und daher über die Existenz oder Nichtexistenz von Gott bzw. Göttern nichts zu sagen vermag, ist mir, so ich denn wählen müsste, die Idee des **Pantheismus** noch am liebsten. Darunter versteht sich die Auffassung, dass das Göttliche (kein persönlicher Gott) eins ist mit dem Kosmos und der Natur. Mit anderen Worten: Ich betrachte die Welt und erfreue mich an ihrer Vielfalt. Die prächtigen Farben der Kirschblüte, das beruhigende Rascheln der Blätter im Wind oder der sinnliche Duft des Sandelholzes. Indem ich das tue, erkenne ich das Wunderliche und Göttliche in mir und meiner Umwelt und habe keinen Grund, mich selbst oder andere über den Rest der Schöpfung zu erheben.

---

gie aufweisen, die laut Lehrmeinung zur damaligen Zeit schlichtweg noch nicht existieren konnte und deren Errichtung in den Überlieferungen der lokalen Einwohner mit den „Göttern" in Verbindung gebracht wird. Ich frage mich: Gäbe es eine Zeitmaschine und könnte ich mit einem mit Brennstoff betriebenen Raumschiff in die Steinzeit reisen, wie würden mich die dortigen Menschen in Erinnerung behalten und mit welchen Wörtern würde man mich und mein Raumschiff in Ermangelung fachspezifischer Begriffe beschreiben und der Nachwelt überliefern? In der Bibel steht es wie folgt: „Und es geschah am dritten Tage, als es Morgen war, da waren Donner und Blitze und eine schwere Wolke auf dem Berge und ein sehr starker Posaunenschall; und das ganze Volk zitterte, das im Lager war. Und Mose führte das Volk aus dem Lager hinaus, Gott entgegen; und sie stellten sich auf am Fuße des Berges. Und der ganze Berg Sinai rauchte, darum, dass Jehova auf ihn herabstieg im Feuer; und sein Rauch stieg auf, wie der Rauch eines Schmelzofens, und der ganze Berg bebte sehr. Und der Posaunenschall wurde fort und fort stärker; Mose redete, und Gott antwortete ihm mit einer Stimme." (Exodus 19, 16-20). Ich sehe diese Interaktion mit „Gott" als möglichen Hinweis auf den auch in unserer Zeit beobachtbaren Cargo-Kult, der das Phänomen beschreibt, dass Menschen unverstandene Technologie mit „Göttern" bzw. „göttlichem Ursprung" assoziieren und anbeten.

Diese Sichtweise lässt sich m.E. auch gut mit dem Graduellen Panpsychismus bzw. der Metaphysischen Spiritualität des Geistigen einerseits und dem Vitalismus des Lebendigen andererseits vereinbaren. Das SPIELFELD hat und braucht also keinen unabhängigen göttlichen (Gegen-)Spieler, sondern ist aus sich selbst heraus göttlich.

❖ **Zum Wesen der Zeit**: Zur Frage, was Zeit ist, gibt es nach wie vor die unterschiedlichsten Positionen – je nachdem ob man sich ihr physikalisch, psychologisch oder philosophisch nähert. Es ist bspw. Albert Einstein zu verdanken, dass sich das physikalische Verständnis der Zeit von einer „absoluten Weltuhr" hin zu einer relativen Größe weiterentwickelt hat. Heraklit weist mit seiner Metapher „pantha rhei" – alles fließt, auf das Wesensmerkmal der stetigen Veränderung hin. Für Immanuel Kant gehört die Zeit (ähnlich wie der Raum) zu den subjektiv-menschlichen Bedingungen der Welterkenntnis, indem das menschliche Bewusstsein sie in die Sinneseindrücke hineinpresst und wir unsere (Sinnes-)Erfahrungen ohne Zeit gar nicht machen können. Somit lässt sich zunächst festhalten, dass es derzeit keinen Hinweis auf eine absolute Zeit gibt (**Relativität der Zeit**), dass Zeit sich an, durch und in Veränderungen zeigt (**Manifestation der Zeit**), und dass ich gar nicht anders kann, als meinen Zugang zur Welt sowie meine Sinneseindrücke und Erfahrungen mit einem eigenen Zeitverständnis zu ordnen (**Notwendigkeit der Zeit**).

Traditionell benutze ich im alltäglichen Sprachgebrauch die drei Zeitkategorien Vergangenheit, Gegenwart und Zukunft. Die Frage stellt sich jedoch, ob diese Kategorien überhaupt existieren. Für Augustinus bspw. entspricht die Vergangenheit der Gegenwart als Erinnerung und die Zukunft der Gegenwart als Erwartung.[30] Mit ähnlicher Argumentation wird oftmals von der „Illusion der Zeit" gesprochen, weil Vergangenheit und Zukunft eben nicht sinnlich erfahrbar sind, sondern allein die Gegenwart wahrgenommen wird. Diesbezüglich haben Psychologen festgestellt, dass das menschliche Gegenwartsempfinden, d.h. der Moment, der von mir als *Gegenwart* bezeichnet wird, ca. drei Sekunden dauert. Nur dadurch bin ich überhaupt in der Lage, meine Sinneseindrücke – bspw. ein Musikstück – als zusammenhängend wahrnehmen zu können. Andernfalls wäre es eine lose Aneinanderreihung von Tönen, die sich einem harmonischen Empfinden entziehen würden. Daraus den ontologischen Schluss zu ziehen, dass die Gegenwart drei Sekunden *ist*, wäre jedoch unzulässig. Der Mensch nimmt sie lediglich so *wahr*. Insofern gehört die Idee der Zeit zum Wesen des SPIEL-FELDS und zwar in Form eines zwingend notwendigen, durch Veränderungen subjektiv erfahrbaren sowie intersubjektiv verschieden wahrgenommenen, fortwährenden Gegenwartsempfinden.

❖ **Zum Wesen des Kosmos**: Ein letzter Aspekt zum SPIELFELD betrifft die Frage nach dem „Großen Ganzen", dem philosophischen „All". Hierunter verstehe ich das größtmögliche Konzept, das ich mir mit menschlicher Logik denken und herleiten kann und das quasi die äußersten Grenzen des SPIELFELDS bildet – auch wenn der Begriff der Grenze selbst wiederum stark irreführend ist, da er etwas außerhalb der Grenze suggeriert, was größer sein muss als das SPIELFELD selbst und genau das ja nicht

---

[30] Augustinus stellt zudem die spannende Frage auf, ob Zeit überhaupt messbar sei. Er schreibt hierzu: „Ich messe die Zeit. Aber ich messe nicht die Zukunft, denn diese ist ja noch nicht, ich messe auch nicht die Gegenwart, denn sie hat keine Ausdehnung im Raume, ich messe auch nicht die Vergangenheit, denn sie ist nicht mehr. Was also messe ich? Etwa vorübergehende, nicht vorübergegangene Zeiten?"

der Fall sein soll. Dieses Konzept hat Ähnlichkeit mit der unaussprechlichen Idee des Dao im Daoismus, welches der ganzen Welt zugrunde liegt und von Laotse als die höchste Wirklichkeit, das Absolute, das Unberührte und die ursprüngliche Einheit beschrieben wird. Hier sehe ich auch Parallelen zur Idee des Brahmans, das in der indischen Philosophie als unveränderliche, unendliche, immanente und transzendente Realität beschrieben wird, welche den ewigen Urgrund von allem darstellt, was ist.

Es liegt in der Natur der Sache, dass jeglicher Versuch das „Große Ganze" aus der Perspektive eines seiner Teile zu beschreiben, kläglich zum Scheitern verurteilt ist. Der Mensch ist ja noch nicht mal in der Lage, sich selbst zu verstehen. Dennoch halte ich es für sinnvoll, eine erste Annäherung zu versuchen, um mit diesem Wissen wiederum andere Konzepte hinsichtlich ihrer Plausibilität besser bewerten zu können.[31]

---

[31] Mir ist wichtig zu betonen, dass ich, wenn ich über den Kosmos und sein Wesen *schreibe*, ich ihn dadurch nicht *erschaffe*. Ich halte Worte bzw. Begriffe für Stellvertreter bzw. Hinweisschilder, die auf das zu beschreibende Phänomen lediglich hinweisen. Sie sind dabei jedoch limitiert, da mit jedem Wort zwangsläufig eine Einengung der Erfahrung und Gedanken vollzogen wird und zudem beim Empfänger auf einen unbekannten Resonanzboden trifft – was nicht zuletzt auch durch die Vagheit der Worte bedingt ist. An dieser Stelle sei kurz auf die Sorites-Paradoxie hingewiesen, die bei vagen Begriffen auftaucht. Diese Paradoxie tritt bspw. immer dann auf, wenn definiert werden soll, ab wann aus einer Ansammlung aus Sandkörnern ein „Haufen" wird. Nach zwei, zehn, hundert oder erst bei einer Million Sandkörnern? Und wie viel Sandkörner könnte ich aus einem „Haufen" entfernen, ohne dass er aufhört, ein „Haufen" zu sein? Was also ist überhaupt ein „Haufen", wenn man ihn zahlenmäßig ausrücken möchte? Die gleiche Paradoxie lässt sich auf andere vage Begriffe wie bspw. „groß" oder „schwer" übertragen und zeigt deutlich, dass einige Begriffe nicht eindeutig sind und auch nicht eindeutig sein können. Auch die Gebrauchstheorie der Bedeutung des Philosophen Ludwig Wittgenstein geht davon aus, dass die Bedeutung eines Wortes oder eines Satzes nur durch den Sprachgebrauch zu bestimmen sei. Ob ein Viereck „rund" ist, hängt von der Bedeutung ab, die das Wort „rund" für mich besitzt. Ohne meinen Gebrauch ist das Wort „rund"

In diesem Zusammenhang habe ich im Buch „Kybalion", das auf der altägyptischen Hermetik aufbaut, die für mich bislang plausibelste Herleitung entdeckt:

- o Das All muss alles sein, was wirklich existiert. Es kann außerhalb des Alls nichts existieren, sonst wäre das All eben nicht das All.

- o Das All muss unendlich sein, denn es gibt nichts, was das All genau bestimmen, begrenzen oder beschränken kann.

  - ▪ Es muss unendlich sein in der Zeit oder ewig, es muss immer ununterbrochen existiert haben, denn es gibt sonst nichts, was es geschaffen haben könnte, denn es kann sich etwas nicht aus nichts entwickeln und wenn es jemals „nicht gewesen" wäre, nicht mal für einen Augenblick, dann würde es jetzt nicht „sein". Es muss ununterbrochen für ewig existieren, denn es gibt nichts, was es zerstören kann, und es kann niemals „nicht sein", nicht einmal für einen Augenblick, denn niemals kann etwas zu nichts werden.

---

nur eine Bezeichnung ohne Bedeutung. Die Bedeutung kann nur daraus erklärt werden, wie das Wort im Sprachgebrauch verwendet wird. Doch auch wenn Worte all diesen Beschränkungen unterliegen, so sind sie in meinen Augen das Beste, was mir bislang zur Verfügung steht, um meine Vorstellungen mir selbst und anderen zu vermitteln. Ein Konzept daher von vornherein als unbeschreibbar zu charakterisieren – seien es metaphysische Erfahrungen, Orte oder Zustände – ohne sich die Mühe zu machen, mit Worten einen womöglich armseligen aber dennoch ersten Entwurf der Annäherung zu versuchen, ist in meinen Augen grob fahrlässig und eine Blockade des Erkenntnisfortschritts durch Denkverweigerungen oder Denkverbote.

- Das All muss unendlich sein im Raum ohne Unterbrechung, ohne Aufhören, ohne Teilung, denn es gibt nichts, das seinen Zusammenhang teilen oder unterbrechen könnte. Es muss unendlich sein an Kraft, denn es gibt nichts, was es begrenzen, einschränken, stören oder bedingen könnte. Es ist keiner anderen Kraft unterworfen, denn es gibt keine andere Kraft.
  - Das All muss unwandelbar sein und kann in seiner wahren Natur keinem Wechsel unterworfen sein, denn es gibt nichts, was eine Wandlung auf dasselbe ausüben könnte, nichts, wozu es verwandelt werden oder wovon es verwandelt sein könnte. Es kann weder addiert noch subtrahiert, vermehrt oder vermindert, größer oder geringer werden in irgendeiner Hinsicht. Es muss immer gewesen sein und muss immer bleiben, was es gerade jetzt ist – das All – es gab, gibt und wird sonst nichts geben, worin es sich verwandeln kann.

Da das All unendlich, absolut, ewig und unveränderlich ist, so muss daraus folgen, dass alles, was endlich, wandelbar, fließend und bedingt ist, nicht das All sein kann.[32] Einen grundsätzlich anderen Ansatz lässt der Philosoph Markus Gabriel derzeit

---

[32] Interessant ist nun folgender weiterführender Gedanke: Wenn das All alles ist, was es gibt und geben kann, d.h. theoretisch auch Paralleluniversen, anderen Dimensionen und sonstige Vorstellungen über Zwischenwelten beinhaltet, die bislang rein spekulativ sind, dann wäre es in meinen Augen eine schöne Vorstellung, wenn – und nun mache ich einen großen Schritt in die Welt der Spekulation – das, was nach dem Tod passiert, vielleicht sogar einzig und allein davon abhängt, was ich mir zu Lebzeiten vorgestellt habe. Meine Vorstellungen vom Leben nach dem Tod bestimmen dessen tatsächliche Ausgestaltung. Allerdings gibt es für die These, dass das, was ich mir vorstellen kann, deswegen auch existieren muss, keinerlei empirische oder logische Beweise. Es bleibt daher lediglich ein reines Gedankenspiel. Bei seiner Widerlegung des ontologischen Gottesbeweises, nämlich der Vorstellung, dass Gott

in Form des von ihm so bezeichneten „Neuen Realismus" wieder aufleben. Diesem Ansatz zufolge kann es keinen alles umfassenden Kosmos (er nennt es „Welt") geben, da – mengentheoretisch argumentiert – eine Menge, die alles enthält, sich nicht selbst enthalten kann.[33] Auch diese Argumentation ist in einigen Aspekten durchaus plausibel, wenngleich auch nicht unumstritten.

Der Versuch, die Ausführungen zum Geistigen, zum Materiellen, zum Lebendigen, zum Göttlichen und zum Kosmos miteinander in Einklang zu bringen, führt zu folgender Darstellung:

---

existieren *müsste*, weil die *Existenz* des Vollkommenen höher zu bewerten ist als die bloße *Vorstellung* des Vollkommenen, konnte Kant zeigen, dass die Aussage, dass ein Ding *ist* oder *existiert*, ihm nichts (keine Eigenschaft) hinzufügt. Er schreibt hierzu: „Hundert wirkliche Taler enthalten nicht das mindeste mehr, als hundert mögliche." Etwas existiert also weder deswegen, weil ich es mir vorstelle, noch ist die Existenz als solches im Vergleich zur Nicht-Existenz ein höher zu bewertendes Wesensmerkmal. Dennoch bleibt es grundsätzlich ein interessanter Gedanke, dass der alles enthaltene Kosmos sowohl die Vorstellung als auch das materielle Pendant potenziell enthält bzw. vielleicht sogar enthalten muss, wenn er per Definition allumfassend ist.

[33] Gabriel postuliert, dass es *alles* gibt, nur die *Welt an sich* eben nicht, da „es gibt" ihm zufolge gleichbedeutend ist mit „in der Welt vorkommen" und eine Welt, die alles enthält, nicht in sich selbst vorkommen kann. Er schreibt hierzu: „Jeder Gedanke über die Welt ist ein Gedanke in der Welt. Wir können nicht von oben herab über die Welt nachdenken. Gedanken über die Welt ‚im Ganzen' sind nicht wahrheitsfähig, sie haben keinen Gegenstand, auf den sie sich beziehen." Darum „gibt es" die Welt laut Gabriel nicht.

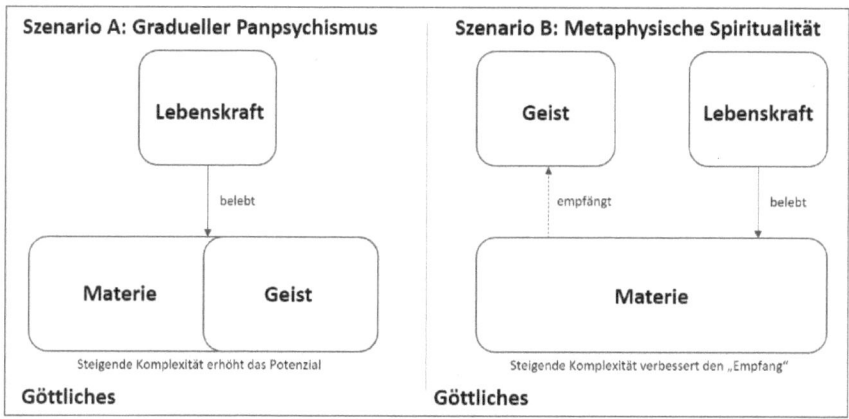

Abb. 1: Das Wesen des SPIELFELDS

Der ewige und unendliche Kosmos entspricht allem, was ist und damit auch meiner Vorstellung des Göttlichen (Pantheismus). In ihm entstand, entsteht und wird entstehen aus einer einzigen Energie (Monismus) – bspw. durch den Urknall – die Energieform Materie, die gleichzeitig das Potenzial zum Empfang der aus derselben Quelle stammenden, aber andersartigen Energieformen des Geistigen und des Lebendigen beinhaltet. Materielles, Geistiges und Lebendiges haben also alle denselben Ursprung und sind doch verschieden. Wie unterschiedliche Aggregatzustände (fest, flüssig und gasförmig) derselben Substanz. Mit dem Urknall begann nach derzeitigem Wissensstand die Evolution des materiellen Universums, inkl. Ausdehnung in Raum und Zeit sowie die Entstehung der ersten Teilchen und Strukturen. Der französische Jesuiten-Priester und Wissenschaftler Pierre Teilhard de Chardin bezeichnet diesen Abschnitt als **Kosmogenese.**

Im Laufe der Zeit wurde die Materie im Universum immer komplexer – Elemente wurden gebildet, Moleküle entstanden, Sterne wurden geboren – und irgendwann trat dann erstmals etwas auf, das aufgrund der Anordnung seiner elementaren Bausteine das Potenzial zum Empfang der Lebenskraft aktivierte und *lebte*. Diese belebte Materie entwickelte sich fortan ebenfalls immer weiter – vom Einzeller zum Mehrzeller bis hin zum Wirbeltier. Dieser Schritt, der Beginn der Evolution lebendiger Organismen, bezeichnet Teilhard de Chardin als **Biogenese.**

Mit weiterer zunehmender Komplexität der lebendigen Organismen stieg – je nach Theorie – auch die Empfangsqualität des Geistigen (Metaphysische Spiritualität) bzw. das Potenzial der mit der Materie einhergehenden Dimension des Geistigen (Gradueller Panpsychismus). Die lebendigen Organismen erhielten zunehmend mehr Zugriff auf geistige Fähigkeiten, bis sie an irgendeinem Punkt sogar ein Selbstbewusstsein ausbildeten. Dies war der Beginn der **Noogenese**, der Entwicklung des (menschlichen) Selbstbewusstseins und ein entscheidender Wendepunkt in der kosmischen Evolution, denn zum vermutlich ersten Mal begann ein lebendiger Organismus über sich selbst nachzudenken. Die darauffolgende kulturelle Evolution und der wissenschaftliche Fortschritt haben – in kosmischen Maßstäben innerhalb eines Wimpernschlages – zu einer Explosion an Ideen und Erfindungen geführt. Zwar ist davon auszugehen, dass weder die Kosmogenese noch die Biogenese abgeschlossen sind (und vielleicht auch niemals sein werden), aber für die Menschheit haben die exponentiell ansteigenden Errungenschaften insbesondere der letzten Jahrhunderte den mit Abstand größten Einfluss auf nahezu alle Bereiche des Lebens und der Umwelt.[34]

Seit dem Urknall lässt sich also ein evolutionärer Anstieg der Komplexität beobachten, der von vor-atomar, atomar, molekular, einzellig, mehrzellig, Wirbeltiere, Primaten bis hin zum Menschen reicht und vermutlich noch lange nicht abgeschlossen ist und in denen ausgehend von einer einzigen Ur-Energie das Materielle, das Lebendige und das Geistige in unterschiedlichen Ausprägungen und Komplexitätsstufen fortbestehen.[35]

---

[34] Patrick Spät schreibt hierzu kritisch: „Der Mensch setzt kraft der kulturellen Evolution die natürliche Evolution nicht nur weitgehend außer Kraft, er manipuliert auch die natürliche Evolution anderer Arten, indem er Ökosysteme flächendeckend zerstört, das Weltklima beeinflusst und genmanipulierte Pflanzen züchtet – und nun ansetzt, mittels der Gentechnologie seine eigene biologische Evolution zu steuern."

[35] Übertragen auf die Fernseher-Sendung-Analogie: Zunächst entstanden aus einer einzigen Energie die Ausprägungen Fernseher, Sendung und Strom. Der Fernseher (Materie) entwickelte sich weiter und irgendwann konnte er aufgrund seines Auf-

Mit diesen Gedanken beende ich meine Ausführungen zum SPIELFELD. Sicherlich bleiben die eine oder andere Fragestellung noch ungeklärt und der eine oder andere Gedankengang noch unberücksichtigt. Dennoch habe ich versucht, die aus meiner Sicht wesentlichsten Aspekte zu thematisieren und meine persönliche Präferenz zu begründen, um Anregungen für die eigene kritische Auseinandersetzung zu schaffen.

---

baus Strom (Lebenskraft) empfangen. Gleichzeitig wurden erste, rudimentäre Programme (Geist) empfangen bzw. aktiviert, und je komplexer der Fernseher anschließend wurde, desto feiner wurde der Empfang bzw. die Komplexität des Programms und desto mehr Möglichkeiten eröffneten sich. Ist der Fernseher kaputt oder ohne Strom, so hat dies Einfluss auf den Empfang bzw. die Aktivierung der Sendung, nicht jedoch auf die Sendung als solches.

Die SPIELREGELN definieren die grundlegenden spieltechnischen Voraussetzungen wie u.a. die Teilnehmerzahl, die Teilnahmebedingungen und den Spielverlauf. Bspw. geben sie Auskunft darüber, wie oft ich beim Spiel „Mensch ärgere dich nicht" würfeln darf, was nach einem Pasch passiert und wie ich andere Figuren in ihre Basis zurückschicke. In ihrem Wesen schränken die SPIELREGELN daher stets die Freiheit des SPIELERS ein und geben ihm dafür im Gegenzug Orientierung, damit er auf dem SPIELFELD „richtig", d.h. im Einklang mit den SPIELREGELN, agieren kann.

Ähnlich wie beim SPIELFELD kommen auch hier wieder Erkenntnisse aus der Naturwissenschaft (z.B. die vier physikalischen Grundkräfte oder die Evolutionstheorie) und der Metaphysik zum Zuge. Überhaupt ist die Abgrenzung zum SPIELFELD nicht immer leicht zu treffen, denn ist das „am Leben *sein*" nicht auch eher eine Voraussetzung bzw. Teilnahmebedingung in Form einer SPIELREGEL, anstatt ein Merkmal des SPIELFELDS? Die Übergänge sind fließend und je nach Sichtweise wird der geneigte Leser womöglich andere Schwerpunkte setzen. Mir persönlich sind jedoch zwei Aspekte besonders wichtig, welche die von mir ausgewählten SPIEREGELN von den anderen Einschränkungen des SPIELFELDS unterscheiden. Zum einen haben diese SPIELREGELN als unabhängige Instanzen einen unmittelbaren Einfluss darauf, wie *ich* die Welt *sehe* und in ihr *handle*. Sie haben also eine hohe Relevanz für den SPIELER und das SPIELEN und sind auch für das SPIELZIEL maßgeblich und daher nützlich, wie sich im Kap. V noch zeigen wird. Zum anderen sind sie so *grundlegend* und *elementar*, dass sie sowohl für die naturwissenschaftlichen Beschreibungen zur Beschaffenheit und Form des SPIELFELDS als auch für die meisten metaphysischen Spekulationen gelten. Die zentrale Frage für mich lautet also: Innerhalb welcher Gesetzmäßigkeiten darf bzw. muss der SPIELER agieren?

Die SPIELREGELN stellen also die Bedingungen dar, innerhalb dessen das SPIELEN auf dem SPIELFELD erfolgen kann und darf. Aus Sicht des SPIELERS tragen sie in sich den Keim und auch den Anspruch einer persönlichen absoluten Wahrheit – wenn er sie denn für sich erkennt und akzeptiert.

Je nach Quelle lassen sich religiöse, mystische, spirituelle und philosophische SPIELREGELN unterscheiden, die hier miteinander in Konkurrenz
treten oder sich gegenseitig ergänzen. So fallen z.b. die sieben herme-
tischen Gesetze[36] des antiken Corpus Hermeticum, die die abendländi-
sche Mystik geprägt haben, genauso in diese Kategorie, wie auch die
Vorstellungen zum Karma im Hinduismus, Buddhismus und Jainismus.
Analog zum SPIELFELD setze ich auch hier meine Prüfsteine vorsichtig ein,
um die für mich zentralen SPIELREGELN herauszuschneiden, die ich im
Idealfall für wahr, zumindest jedoch für plausibel halte. Wie mit einer
Stecknadel hefte ich anschließend die von mir selektierten SPIELREGELN
an die Pinnwand meiner persönlichen Wahrheiten, von wo aus sie auf
die KUNST DES SPIELENS einwirken.

Von allen Lehrmeinungen und Wahrheiten fühle ich mich mit denen des
Buddhas am wohlsten, da ich sie mit beiden Wahrheitskriterien meines
Prüfsteines überprüfen kann. Zudem finden sie sich in ähnlicher Formulierung auch in anderen Quellen wieder. Für sich genommen ist dieses
Argument natürlich kein Qualitätsmerkmal, denn nur, weil etwas von
anderen Menschen oder Lehrmeinungen geteilt wird, muss es nicht
zwangsläufig wahr oder plausibel sein. Bspw. war die Vorstellung eines
geozentrischen Weltbilds einst eine kollektiv geteilte, unumstößliche
Wahrheit und dennoch falsch. Aber in der Kombination mit meiner persönlichen Erfahrung bekommt dieses Argument zumindest eine andere
Gewichtung und gibt mir das beruhigende Gefühl, dass ähnliche Ansichten kultur- und zeitraumübergreifend entwickelt bzw. wiederentdeckt
wurden und somit vielleicht mehr dahintersteckt als bloßer Zufall.
Nachfolgende SPIELREGELN habe ich entweder als wahr oder plausibel erkannt:

---

[36] Die sieben Gesetze lauten: 1. Gesetz der Geistigkeit, 2. Gesetz der Entsprechung, 3.
Gesetz der Polarität, 4. Gesetz des Rhythmus, 5. Gesetz der Schwingung, 6. Gesetz
des Geschlechts, 7. Gesetz von Ursache und Wirkung. In spirituellen Kreisen er-
freuen sie sich einer großen Beliebtheit, wenngleich ihr Ursprung historisch nicht
eindeutig zu klären ist.

(1) **Prinzip der Veränderung**: Alles verändert sich und nichts bleibt, wie es ist. Von der einfachen Zelle zum komplexen Organismus, vom kleinen Sandkorn bis hin zu den gigantischen Sternen im Weltall: Alles entsteht und vergeht und unterliegt dem Wandel. Die Sterblichkeitsrate aller geborenen Geschöpfe beträgt 100% und im Moment der Zeugung wird der Tod zum untrennbaren Wesensmerkmal des Lebens. Auch für mich gilt: Was immer ich fühle, denke oder bin ist stets im Wandel. Durch die Zellerneuerung habe ich alle sieben Jahre einen komplett neuen Körper und bin im Prinzip mit jedem neuen Sinneseindruck ein anderes, weil an um Erfahrung reicheres „Ich" als zuvor. Auch die Zeit, die bereits bei den Ausführungen zum SPIEL-FELD aufgegriffen wurde, lässt sich nur anhand der Veränderung des Materiellen und/ oder des Geistigen messen. Wäre ich in einem Vakuum und gäbe es keine Materie um mich herum, die ich sinnlich erfassen könnte, so läge dennoch dem Akt des Wahrnehmens und des Erfassens meiner eigenen Gedanken zwingend die Idee der Veränderung zugrunde. Nicht nur das Denken, sondern das ganze Leben wäre unmöglich, wenn sich nicht stets alles verändern würde. Ohne Veränderung wäre alles starr und unbeweglich. Wie ein festgefrorenes Standbild ohne Betrachter.

Ob die Veränderung selbst nun metaphysisch betrachtet einen gradlinigen Verlauf, einen (ewigen) Kreislauf, eine Schleife oder einen wiederkehrenden Zyklus darstellt, lässt sich von mir nicht abschließend feststellen. Aber all diese verschiedenen Vorstellungen bauen zwingend auf der ihnen zugrundeliegenden Idee der Veränderung auf, und die stetige Veränderung meines *eigenen* Lebens lässt sich von mir sehr wohl empirisch überprüfen. Dinge, Beziehungen, Gedanken und Emotionen: Sie alle verändern sich (mit der Zeit), und bislang habe ich noch nichts

Materielles, Geistiges oder Lebendiges entdeckt, das permanent und unveränderlich existiert.[37] Für mich bedeutende Vertreter dieser SPIELREGEL sind Heraklit mit seinem „pantha rhei – alles fließt" und der Buddha mit dem Daseinsmerkmal „Anicca – Alles ist vergänglich und nichts von ewigem Bestand". Auch das „Gesetz des Rhythmus" aus dem Corpus Hermeticum, demzufolge „alles hinein und wieder hinausfließt, steigt und fällt" berücksichtigt dieses Prinzip.

(2) **Prinzip der Abhängigkeit**: Alles hängt voneinander ab und nichts existiert unabhängig. Sowohl die Dinge der Natur, d.h. des SPIELFELDS, als auch meine Handlungen haben stets Ursachen und Wirkungen.[38] Zumindest bis zur Entdeckung der Quantenphysik konnte man hier einen Haken setzen. Keine Existenz irgendeines physikalischen Ereignisses, das nicht durch ein anderes Ereignis kausal verursacht wurde. Wobei Kant anmerkt, dass Kausalität nicht zum Wesen der Phänomene gehört, sondern von uns Menschen in die Anschauungen „hineingepresst" wird und wir auch gar nicht anders können, als die

---

[37] Zwei Dinge erachte ich aber dennoch als unveränderlich. Zum einen ist es das Prinzip der Veränderung selbst. Aber auch hier ist es theoretisch zumindest denkbar, dass alles, was ist, irgendwann mal erstarrt oder zu nichts wird und sich somit nicht mehr verändern *kann*. Zum anderen ist es der im Kapitel SPIELFELD beschriebene Kosmos, der sich per Definition nicht verändern kann, da er sonst nicht der allumfassende Kosmos wäre, welcher alles – auch jeglichen Veränderungszustand – bereits von vornherein enthält.

[38] Aristoteles spricht von vier verschiedenen Arten von Ursachen: Causa materialis: die Materialursache und damit das, aus dem eine Sache entsteht und dabei in ihr enthalten ist. Causa formalis: die Formursache und damit das, was angibt, worin das Sein (Form und Struktur) einer Sache besteht. Causa efficiens: die Wirkursache und damit das, woher der erste Anlass von Bewegung und Ruhe oder einer Wirkung kommt. Causa finalis: die Zweckursache und damit das Ziel oder der Zweck, um dessentwillen etwas geschieht. Wenn bspw. die Ursachen eines Hauses gesucht werden, so wäre die causa materialis Holz und Ziegel, die causa formalis der Bauplan, die causa efficiens der Architekt und die causa finalis der Schutz vor Unwetter.

Welt kausal wahrzunehmen, ohne jedoch daraus folgern zu dürfen, dass sie kausal *ist*. In der Quantenphysik nehmen nun plötzlich Wahrscheinlichkeiten den Platz von kausalen Gesetzmäßigkeiten ein, womit aus dem ehemals strengen Determinismus zumindest im subatomaren Raum ein „Meer an Möglichkeiten" wird. Meinem bescheidenden physikalischen Verständnis nach zu urteilen, passiert jedoch auch innerhalb der Quantenphysik nichts ohne Grund. Es gibt also weiterhin eine Ursache, nur ist die Auswirkung nicht mehr eindeutig und prognostizierbar – oder *erscheint* mir derzeit nicht mehr eindeutig und prognostizierbar. Ich weiß zwar trotz Ursache nicht mehr, *was* dann passiert, kann aber zumindest sagen, *dass* etwas passiert.

Während die Idee der Kausalität mit ihrem Prinzip von Ursache und Wirkung eher *zeitraum*bezogen ist, lässt sich diese SPIELREGEL auch auf *zeitpunkt*bezogene Abhängigkeiten übertragen. Zu jedem Zeitpunkt sind die Dinge zusammengesetzt. Der buddhistische Mönch Thích Nhất Hạnh sagt hierzu: „Wenn Du ein Dichter bist, wirst Du klar erkennen, dass eine Wolke in diesem Blatt Papier steckt. Ohne die Wolke gibt es keinen Regen; ohne Regen können keine Bäume wachsen und ohne Bäume können wir kein Papier herstellen. Die Wolke ist wesentlich für die Existenz von Papier. Wenn die Wolke fehlt, gibt es auch kein Blatt Papier. Also können wir sagen, dass die Wolke und das Papier verwoben sind." Ein prominenter Vertreter dieser SPIELREGEL ist erneut der Buddha mit dem Prinzip des „Anatta – Alle Dinge und Phänomene existieren ohne einen unveränderlichen Wesenskern und sind abhängig von Bedingungen." Hier setzt auch das buddhistische Konzept der **Leerheit** an, demzufolge die Dinge an sich keine Eigennatur besitzen.[39]

Aus diesem Gedanken heraus, dass alles mit allem zusammenhängt, lässt sich theoretisch auch der Gedanke ableiten, dass alles eins ist. Vasishtha, einer der sieben heiligen Weisen (Rishis) des Hinduismus, sagt hierzu: „Wenn viele Kerzen einander entzünden, ist es dieselbe Flamme, die in allen Kerzen brennt; und genau so erscheint der eine Weltgeist als viele." Mit anderen Worten: Alles ist eins und alles ist verschieden. Dieser Gedanke mutet zunächst sehr esoterisch an, ist aber zumindest für die mir bekannte physikalische Materie gar nicht so abwegig. Wie bereits im SPIELFELD ausgeführt, besagt auch die Urknalltheorie, dass das bislang bekannte Universum aus einer Singularität heraus entstanden ist. Der erste Hauptsatz der

---

[39] Das buddhistische Konzept der Leerheit ist eine der anspruchsvolleren Ideen des Buddhismus. Ich stelle mir das stets – sehr grob vereinfacht – als Zeitraffer vor: Man schaut sich eine Tasse an und spult gedanklich 100 Jahre in die Zukunft und 100 Jahre in die Vergangenheit. In der Vergangenheit waren die Bestandteile der Tasse, die einzelnen Bausteine der Materie, vielleicht noch in der Erde oder aber in anderen menschlichen Gegenständen verbaut. In der Zukunft wird die Tasse vielleicht irgendwann eingeschmolzen, weil sie kaputtgegangen ist. Ihre Materiebausteine bilden dann die Grundlage für ein neues Artefakt. Was ist nun das tatsächliche (unveränderliche) Wesen dieser Tasse bzw. ihrer Materiebausteine? Sie hat keins. Sie ist nur für einen Moment – im Hier und Jetzt – eine Tasse und unterliegt ansonsten komplett dem bedingten Wandel. Sie ist daher „leer" von einer eigenen Natur. Diese Leerheit gilt gemäß der buddhistischen Sichtweise auch für die menschliche „Seele". Man spricht dabei von „Nicht-Selbst". Allerdings wird an dieser Stelle auch klar, weshalb sich die Idee der Leerheit bzw. des Nicht-Selbst nicht mit der Idee des Karmas verträgt. Entweder es gibt eine ewige „Seele", die zugleich Träger der karmischen Konsequenzen ist und diese auch in ein nächstes Leben überträgt. Dann jedoch muss die Idee der Leerheit, respektive des Nicht-Selbst fallen gelassen werden. Oder aber es gibt keinen solchen Träger. Dann jedoch stünde die Idee des Karmas zur Disposition, denn wie soll ich die Konsequenzen des eigenen Handelns in meinem nächsten Leben erfahren, wenn es kein festes Ich, keinen Wesenskern und Träger gibt, der dieses „Punktekonto" ins nächste Leben überführt?

Thermodynamik besagt, dass die Energie eines abgeschlosse-
nen Systems stets unverändert bleibt. Verschiedene Energieformen können sich demnach zwar ineinander umwandeln, aber
Energie kann weder aus dem Nichts erzeugt noch kann sie vernichtet werden. Alles, was aus der Singularität heraus entstanden ist, lässt sich auf sie zurückführen, und da alles von der gleichen Quelle stammt und lediglich unterschiedliche Formen annimmt, „ist alles eins". Damit ist keine zeit*gleiche* Verbundenheit gemeint, denn in diesem Moment bin ich ich und nicht Du,
sondern eine kausale. zeitraum*bezogene* Verbundenheit, die
auf einen gemeinsamen Anfang und auf eine gemeinsame Energie zurückführt (Monismus). Natürlich stellt sich die berechtigte
Frage, ob dieser Hauptsatz der Thermodynamik für alle Sys-
teme, für jegliche Form der Materie und für alle Zeiten gilt. Zum
jetzigen Zeitpunkt und meines Wissens nach spricht dieser Vorstellung zunächst erst mal nichts entgegen, weshalb ich sie als
wahr annehme.

Die weitaus interessantere Frage ist jedoch, ob dieser für die
(materielle) Energie gültige Satz zur Verbundenheit aller Dinge
auch für das Geistige, bspw. die Idee des Weltgeistes und – eine
Ebene darüber – auch für den Kosmos gilt. Zu diesem Gedanken
gibt es jedoch keine empirischen Daten, sondern lediglich verschiedene Zielzustände von Buddhisten („Nirodha" Samāpatti,
das 9. Jhana der Meditation), Yogis („Moksha" in der Brahman-
Atman-Lehre), Mystikern („unio mystica" bzw. „Mystische
Hochzeit" in der abendländischen Tradition) und zum Teil auch
von Schamanen, die allesamt in ähnlicher Art und Weise von
Ich- oder Ego-Auflösung und der Verschmelzung mit dem Weltgeist sprechen.[40] Inwiefern es jedoch überhaupt plausibel ist,

---

[40] Auch die zahlreichen Berichte über Nahtoderlebnisse lassen sich als individuelle Erfahrungsberichte nicht nur für ein Weiterexistieren nach dem Tod, sondern auch
für die Idee des Weltgeistes heranziehen. Ähnlich wie bei den meditativen Erfah-
rungsberichten lassen sie sich jedoch nicht mit wissenschaftlichen Methoden über-

dass ein einzelner Bestandteil – in diesem Fall das menschliche Bewusstsein – das große Ganze – in diesem Fall der Weltgeist oder gar der Kosmos – dessen Teil es ja ist, überhaupt erkennen geschweige denn zu Lebzeiten darin aufgehen kann, ist allerdings durchaus fraglich. Der Philosoph Thomas Metzinger weist m.E. völlig zurecht daraufhin, dass „wenn kein Selbst da war, wer ist es dann, der uns über diese Erfahrung berichtet? Wenn das erlebende Selbst sich wirklich aufgelöst hat, wie kann es dann überhaupt ein autobiographisches Gedächtnis für den fraglichen Zeitraum geben? Wie soll *ich* mich an einen Zustand erinnern können, in dem es mich als bewusstes Selbst überhaupt nicht gegeben hat?" Diese Kritik lässt in meinen Augen nur zwei Schlussfolgerungen zu: Die besagten Erfahrungsberichte sind begrifflich unpräzise, d.h. es ist keine Ich- oder Ego-Auflösung, sondern „lediglich" eine besondere spirituelle Erfahrung. Dann wäre es zwar weiterhin konzeptionell unlogisch aber auf der Ebene der persönlichen, spirituellen Erfahrung – und nur auf dieser Ebene – dennoch möglich. Ein Begriff wie „Ich-Transzendenz" wäre dann allerdings passender. Oder aber die Erfahrungsberichte sind bewusst verwirrend oder überzogen formuliert oder sogar schlichtweg falsch, um die eigene Person oder das eigene Glaubenssystem in einem besonders hellen Licht darzustellen und Anhänger mit paradiesischen Jenseitsphantasien zu ködern.

Zum jetzigen Zeitpunkt halte ich es also durchaus für wahr, dass auf materieller Ebene alles zeitraum- aber nicht zeitpunktbezogen miteinander verbunden ist, da vermutlich alles aus einer

---

prüfen und können daher nicht als wahr oder falsch, sondern höchstens als plausibel oder unplausibel bewertet werden, wobei der Grad der Plausibilität von dem jeweiligen metaphysischen System des Urteilenden abhängig ist. In meinem Fall halte ich zumindest einige dieser Erfahrungsberichte durchaus für plausibel, wobei allerdings auch die Kritik an diesen Berichten durchaus plausibel klingt. Es bleibt abzuwarten, welche neuen (wissenschaftlichen) Erkenntnisse in diesem Grenzgebiet auftreten.

Singularität heraus entstand, nämlich dem Urknall. Auf geistiger Ebene halte ich den Gedanken an eine zeitpunktbezogene Verbundenheit zumindest für interessant und empfinde hierfür als Ansatz die Idee des morphogenetischen Feldes aus meinen Ausführungen zum Wesen des Geistigen im Kapitel zum SPIELFELD ganz hilfreich. Die subjektive *Erfahrung* dieser geistigen Einheit bzw. Verbundenheit durch das menschliche Bewusstsein in Form von Erleuchtung u.ä. Konzepten halte ich nur bei begrifflicher und Präzision für plausibel.

(3) **Prinzip der Subjektivität**: Alles ist subjektiv und lässt sich auch nur subjektiv erfahren und bewerten. Realität entsteht im Bewusstsein eines jeden einzelnen Menschen und hängt von der Beschaffenheit und der Funktionsweise seiner Sinne ab. Der eine Mensch ist kurz-, der andere weitsichtig. Der eine wiederum hat eine Rot-Grün-Sehschwäche, der andere ist ein Tetrachromat mit einem besonders präzisen Farbgespür etc. Neben den genetischen Voraussetzungen spielen darüber hinaus auch die Sozialisation und die damit verbundene Lebenserfahrung eine wichtige Rolle. Und zu guter Letzt hat auch die Situation einen nicht zu unterschätzenden Einfluss darauf, wie die Realität in einem bestimmten Kontext wahrgenommen und erfahren wird. Ich halte es daher für wahr, dass sich jeder Mensch seine eigene Welt im Geiste aufbaut, und diese sich von der seiner Mitmenschen aber auch von seiner eigenen kontextabhängigen Wahrnehmung im Zeitverlauf mitunter gänzlich unterscheidet. Spätestens dann, wenn er etwas bewertet, kommen die Unterschiede zum Vorschein. Frei nach dem Motto: „Wie ein Stückchen Brot ausschaut, hängt davon ab, ob Du hungrig bist oder nicht."

Erneut möchte ich an dieser Stelle den Buddha als bedeutenden Vertreter dieser Spielregel heranziehen. Unter dem Konzept „Dukkha – Alles ist dem Leiden unterworfen" fasst er in meinen Augen keine ontologische Aussage über die Welt an sich, sondern über deren subjektive Interpretation durch den Menschen zusammen. Alles kann als leidvoll *wahrgenommen* bzw. *empfunden* werden – aber auch das Gegenteil ist möglich. Es hängt vom Menschen und seinem Bewusstsein ab und entspricht damit dem Prinzip der Subjektivität. Je nach Lesart hat auch Protagoras mit seinem berühmten Homo-Mensura-Satz in ein ähnliches Horn geblasen: „Der Mensch ist das Maß aller Dinge, der seienden, dass sie sind, der nichtseienden, dass sie nicht sind."[41]

Dies sind also die drei SPIELREGELN, die ich als wahr bzw. plausibel und darüber hinaus auch als nützlich für das SPIELEN erachte. Es bleibt abzuwarten, inwiefern zukünftig noch weitere SPIELREGELN identifiziert werden können, die einen zusätzlichen Erklärungsbeitrag leisten und einen ähnlichen Stellenwert in meinem SPIEL DES LEBENS einnehmen können.

---

[41]   In diesem Satz von Protagoras wird das Verhältnis von erkennendem Subjekt und Erkenntnisobjekt problematisiert. Der Mensch erfährt die Welt stets in der Form, in welcher sie ihm durch seine spezifisch menschliche Perspektive zugänglich ist. Daher wird der Mensch für seine Welt zum Maß aller Dinge, was dem Prinzip der Subjektivität entspricht.

KAPITEL V – DAS SPIELZIEL

Das SPIELZIEL ist der eigentliche Grund für den Beginn und das Beenden eines SPIELS. Beim Schachspiel geht es bspw. darum, den gegnerischen König zu schlagen. Beim Roulette geht es darum, den Zufall zu besiegen und Geld zu gewinnen. Und beim Basketball geht es darum, mehr Punkte als die gegnerische Mannschaft zu erzielen. In seinem Wesen weist das SPIELZIEL Parallelen zu einer SPIELREGEL auf, da es das SPIEL ebenfalls einschränkt und ihm dadurch ebenfalls eine Form der Orientierung verleiht. Schließlich legt das SPIELZIEL die Bedingungen fest, nach denen ich gewinnen kann und schließt dabei andere (Gewinn-)Alternativen aus. Allerdings verdient es m.E. dennoch einer gesonderten Betrachtung, denn es sind eben nicht die SPIELREGELN, sondern das SPIELZIEL, das überhaupt erst den Anlass für das SPIELEN stiftet. Und nicht die SPIELREGELN, sondern das SPIELZIEL legt fest, ob das SPIELEN letztendlich erfolgreich war. Mit anderen Worten: Ich spiele kein Schach, um die festgelegten Bewegungsmuster des Läufers oder des Turmes zu beobachten. Und ich spiele auch kein Roulette, um dem Klackern der Roulettemaschine zu lauschen. Ich spiele, um das SPIEL zu gewinnen. Und während die Einhaltung der SPIELREGELN dabei zwingend vorgegeben ist, ist das Erreichen des SPIELZIELS offen und ungewiss.

Wie und warum ich diesem SPIEL DES LEBENS beigetreten bin ist eine höchst spekulative Mutmaßung. War es eine freiwillige oder unfreiwillige Entscheidung, an die ich mich vielleicht nicht mehr erinnern kann? Oder war es ein reiner evolutionärer Zufall, dass sich mein Ich-Bewusstsein herausgebildet hat und ich diesem SPIEL beigetreten bin? Persönlich – und rein spekulativ – gefällt mir die Idee, dass die Teilnahme am SPIEL von „mir" irgendwie „bewusst" getroffen wurde, auch wenn ich mich nicht (mehr) daran erinnere. Mit dieser Sicht nähere ich mich wieder der metaphysischen Vorstellung der Reinkarnation, wie sie allerdings nicht nur in der indischen Philosophie, sondern auch in der antiken abendländischen Philosophie und sogar im frühen Christentum verbreitet war. Anders als bspw. in der hinduistischen Betrachtung sehe ich die Reinkarnation jedoch nicht als etwas per se Unschönes an, dem ich durch spirituelle Übungen entkommen muss. In den hinduistischen

Traditionen und auch in Teilen des Buddhismus spricht man in diesem Zusammenhang von der Befreiung aus dem Kreislauf der Wiedergeburten (Samsara). Ich hingegen betrachte die Reinkarnation völlig wertfrei als eine neue Spielrunde im SPIEL DES LEBENS. Das „Nicht-mehr-spielen" ist für mich kein SPIELZIEL, denn m.E. sollte das Ziel eines SPIELS nicht in seiner Selbstauflösung bzw. Selbstzerstörung liegen. Dann wäre es für mich kein SPIEL, sondern eher ein Zwang bzw. eine Pflicht. Da ich diese Ansicht nicht teile, habe ich mich auch für die Bezeichnung SPIEL DES LEBENS und nicht PFLICHT DES LEBENS bzw. ZWANG DES LEBENS entschieden.

Doch was ist nun eigentlich das SPIELZIEL? Oftmals wird das SPIELZIEL im Leben mit Begriffen wie „Sinn" oder „Schicksal" beschrieben. Habe ich meinen Sinn gefunden oder hat sich mir mein Schicksal offenbart, dann kann ich meine „Aufgabe" bzw. meine „Bestimmung" erfüllen und – je nach Weltanschauung – zufrieden sterben. Bereits in diesen beiden Begriffen zeigt sich, dass es grundsätzlich zwei entgegengesetzte Positionen gibt, nämlich die der Sinn*suche* und die der Schicksal*offenbarung*. Während ich erstere mit einem (bedingt) freien Willen verknüpfe, indem die *Suche* nach dem Sinn grundsätzlich ein Überangebot an Möglichkeiten und damit gewissermaßen auch eine *Wahl* impliziert, assoziiere ich mit letzterem die Idee des Determinismus, d.h. einer gewissen göttlichen oder physikalischen Vorherbestimmtheit von Lebensereignissen, deren ohnmächtiger Zeuge ich letztlich (unweigerlich) werde, und die mir lediglich *offenbart* wird.

Persönlich halte ich die Idee des Schicksals für unplausibel, denn auch wenn ich innerhalb der materiellen Welt, d.h. des SPIELFELDS, durchaus die Idee des Determinismus in Form einer physikalisch erklärbaren Vorherbestimmtheit bzw. Kausalität wiederfinde, so muss dieser Determinismus nicht zwangsweise auch für die geistige Welt wie bspw. meine Gedanken und Wünsche gelten. Zumal ich bereits beim Prinzip der Veränderung innerhalb der SPIELREGELN kurz darauf eingegangen bin, dass die Quantenphysik den sogenannten strengen Determinismus im subatomaren Bereich ohnehin aushebelt und damit die Vermutung unterstützt, dass er nicht mal für die materielle Welt uneingeschränkt gültig ist.[42] Auch die Idee eines göttlichen Schicksals halte ich für nicht plausibel, da ich – wie in den Ausführungen zum Wesen des Göttlichen im Kapitel des SPIELFELDS bereits ausgeführt – zum einen nicht an die Existenz einer göttlichen Macht *glaube*, zum anderen noch keine Indizien für eine derartige Annahme selbst *erfahren* habe und ich darüber hinaus auch zumindest nach menschlichen Kategorien mir nicht plausibel *vorstellen* kann, dass ein göttliches Wesen Interesse oder gar „Spaß" dabei hätte, alles für alle Ewigkeit vorab festzulegen und dann nur noch stillschweigend zuzuschauen.[43] Gerade im Unerwarteten, im Unberechenbaren liegt m.E. der Kern der erfreulichen Überraschung. Ein SPIEL, bei dem der Verlauf bereits feststeht, ist letztlich wie Topfschlagen spielen mit sich selbst.

---

[42] Die klassische Vorstellung des physikalischen Weltbilds bis zum 20. Jahrhundert war die des strengen Determinismus. Der französische Mathematiker Pierre Simon de Laplace hat dies mit seinem Gedankenexperiment zum „Laplaceschen Dämon" wie folgt zusammengefasst: Jeder Zustand im Universum ist eine unmittelbare Folge des vorhergehenden Zustands und dieser wiederum eine unmittelbare Folge des vorvorhergehenden Zustands usw. So kann ich bspw. die Bewegung einer Billardkugel auf den vorhergehenden Zusammenstoß mit einer anderen Billardkugel zurückführen, deren Bewegung ihrerseits wiederum vom vorherigen Stoß mit dem Queue abhängt usw. Eine Intelligenz mit vollständigen Informationen (der allwissende Laplacesche Dämon) wäre nun theoretisch dazu in der Lage, zu einem gegebenen Zeitpunkt alle Beziehungen zwischen den einzelnen Teilen des Universums zu berechnen und damit die Zukunft vorherzusagen. Die Quantenphysik hat diese Annahme allerdings widerlegt, da es prinzipiell nicht möglich ist, Ort und Impuls eines atomaren Systems gleichzeitig exakt zu bestimmen (Heisenbergsche Unschärferelation).

[43] In diesem Zusammenhang finde ich es auch interessant, dass wenn man an eine göttliche Vorherbestimmung glaubt und zudem annimmt, dass Gott allwissend sei und daher auch die Zukunft kenne, man eigentlich nicht mehr zu beten bräuchte. Denn jedes Gebet ist eine Kommunikation mit Gott, oftmals verbunden mit dem Wunsch, Einfluss auf die eigene Zukunft zu nehmen. Wenn diese nun jedoch bereits vorherbestimmt ist und Gott sie auch kennt, wie und warum sollte er sie dann aufgrund eines Gebets (spontan) ändern und gleichzeitig allwissend bleiben? Wer für Veränderungen betet und an die Kraft seines Gebets glaubt, der kann zumindest rein logisch nicht auch gleichzeitig an Schicksal glauben. Dasselbe gilt auch für jegliche andere religiösen Handlungen, die ein göttliches Wohlwollen zum Ziel haben und davon ausgehen, auf dieses Wohlwollen Einfluss nehmen zu können.

Zudem entspricht mein persönliches Empfinden, d.h. mein „Alltags-Ich" inkl. meiner „Alltags-Erfahrung", der Idee eines (bedingt) freien Willens. Ich habe bei jeder bewussten Entscheidung das *Gefühl*, dass sie aus mir selbst herauskommt, d.h. dass ich ihr *Verursacher* bin. Natürlich beeinflusst durch Gene, Sozialisation und Situation. Aber eben nicht zwingend kausal bzw. deterministisch zum Zeitpunkt der Entscheidung, denn auch wenn ich einen Überlebenstrieb habe (Gene), ich extrem hungrig bin (Situation) und so erzogen worden bin, eklige Nahrung nicht zu essen (Sozialisation), habe ich trotzdem das Gefühl einer Wahl, nämlich mich entweder für meinen Überlebenstrieb und meinen Hunger oder aber für meinen Ekel und damit für meine Sozialisation zu entscheiden. Indem ich mich selbst reflektiere, schaffe ich es, aus der Situation und ihren Bedingungen herauszutreten, sie von einer höheren Warte aus zu betrachten und mich anschließend frei zu entscheiden. Allerdings nur bedingt frei, denn ich kann bspw. nicht entscheiden, keinen Hunger mehr zu haben oder kein Essen zu benötigen. Meine Wahl ist stets eingeschränkt und daher nur bedingt frei. Aber eben auch nicht unfrei, d.h. deterministisch. Mit dieser Argumentation nähere ich mich der Position des **Kompatibilismus** (auch „weicher" bzw. „schwacher" Determinismus genannt), der den freien Willen und den Determinismus als miteinander vereinbar erklärt und davon ausgeht, dass eine Person immer dann frei handelt, wenn sie eine Handlung will und auch anders handeln *könnte*, wenn sie denn anders handeln *wollte.*

Darüber hinaus halte ich die Idee des Schicksals auch für nutzlos und schlecht, denn gäbe es keinen (bedingt) freien Willen und kein (bedingt) freies Handeln, dann gäbe es letztlich auch keine persönliche Verantwortung. Stets könnte ich mich dann nach einer Straftat entspannt zurücklehnen und darauf verweisen, dass die Straftat mein Schicksal sei, für das ich nicht zur Rechenschaft gezogen werden dürfte, da ich gar keine andere Wahl hatte.

Zu guter Letzt gilt zudem für die Idee des SPIELZIELS und ihrer Daseinsberechtigung, dass sie nur dann eine Motivations- und Orientierungsfunktion haben kann, wenn ich als SPIELER überhaupt erst die Wahl habe, es erreichen zu *wollen*. Wäre es mein Schicksal, ein bestimmtes SPIELZIEL zu erreichen, so hätte es eine rein deskriptive Funktion, indem es mir lediglich beschreibt, was mir am Ende widerfahren wird. Es könnte mich nicht motivieren, da ich es ja eh erreiche und es gäbe mir auch keine Orientierung, da ich ja eh gar nicht davon abweichen könnte. Mit Blick auf die beiden grundsätzlichen Positionen zum SPIELZIEL gehe ich persönlich also von der Idee der **Bedingten Willensfreiheit** aus.[44]

Da ich die Idee des Schicksals und damit den Gedanken an eine höhere lenkende Macht ablehne, möchte ich mich der Idee des SPIELZIELS nicht von „oben", d.h. von eben dieser höheren Macht ausgehend nähern, sondern von „unten", d.h. vom SPIELER aus beginnen. Hier lässt sich zunächst empirisch und erfahrungsbasiert feststellen, dass unabhängig von allen religiösen oder sinnstiftenden Begründungen und metaphysischen Spekulationen hinweg der Mensch stets danach strebt:

(1) glücklich zu sein und

(2) Leid zu vermeiden.[45]

---

[44] Ganz im Sinne des konstruktiven Zweifels setze ich mich auch weiterhin mit Konzepten zum Schicksal auseinander. So führten mich meine Reisen bspw. zu den Palmblattbibliotheken nach Indien. Es heißt, dass dort angeblich vor uralten Zeiten das vergangene, gegenwärtige und zukünftige Schicksal der Menschen von sieben heiligen Weisen (Rishis) durch Einsicht in das Weltgedächtnis (Akasha-Chronik) offenbart und auf Palmblättern überliefert wurde. Nur ausgebildete Leser (Nadi Reader) können diese alten Schriften entziffern und zeitgemäß interpretieren. Wäre dies der Fall, so wäre also auch mein Schicksal bereits vor Tausenden von Jahren festgelegt worden. Da ich dies wie oben ausgeführt nicht für plausibel halte, mir aber selbst ein Bild davon machen wollte, habe ich eine renommierte Palmblattbibliothek in der Stadt Bangalore besucht. Mein vorläufiges Fazit ist, dass es nach wie vor keinen überzeugenden Hinweis für die Idee irgendeines Schicksals gibt. Allerdings gab es zumindest die eine oder andere Vorhersage, die ich zukünftig empirisch überprüfen kann, so dass ich – unter bestmöglichem Ausschluss einer selbsterfüllenden Prophezeiung – am Ende meines Lebens eine für mich empirisch gestützte Aussage treffen und nach dem Wahrheitskriterium ersten Ranges bewerten kann.

[45] Der Begriff Leid ist in der Alltagssprache bereits als ein Zustand sehr intensiver negativer Gefühle besetzt. Allerdings meine ich mit Leid das Fühlen all jener Gefühle,

Der Zustand des „glücklich sein" ist für mich nicht die Aneinanderreihung kurzfristiger, biochemischer „Kicks" im Belohnungszentrum des Gehirns, denen ich lechzend und fast schon süchtig hinterherjage, wie es die Ratten in dem berühmten Experiment von Olds und Milner taten.[46] Er entsteht auch nicht durch eine permanente Maximalbefriedigung meiner verschiedenartigen Bedürfnisse, wie es im Gedankenexperiment zur „Glücksmaschine" von Robert Nozick der Fall ist.[47] Das

---

gegen die ich einen Widerstand habe, d.h. bspw. Ungeduld, Hunger, Neid, Enttäuschung, Trauer, Wut, Hass etc. Er dient daher als ein vereinfachter Sammelbegriff sowohl für schwache als auch für starke negative Gefühle.

[46] Die Wissenschaftler James Olds und Peter Milner aus den USA untersuchten in den 50er Jahren das Verhalten von Laborratten, indem sie ihnen eine Elektrode ins Gehirn pflanzten und sie in einen Käfig steckten, der einen Hebel enthielt, den die Ratten selbstständig betätigen konnten. Jedes Mal, wenn eine Ratte den Hebel betätigte, verpasste sie sich durch die eingepflanzte Elektrode selbst einen Stromschlag, der das Belohnungssystem stimulierte und angenehme Gefühle hervorrief. Bereits nach zwei bis fünf Minuten Lernzeit betätigten die Ratten den Hebel regelmäßig etwa alle fünf Sekunden – immer wieder, bis zur totalen Erschöpfung. Selbst angebotenes Futter interessierte sie nicht mehr, und einige Ratten brachen sogar zusammen, weil sie lieber den Hebel drückten als zu fressen oder zu trinken.

[47] Das Gedankenexperiment des Philosophen Robert Nozick geht wie folgt: Man stelle sich eine Glücksmaschine vor, die ihrem Benutzer jede Erfahrung ermöglicht, die er zu machen wünscht. Schlösse er sich an die Maschine an, so könnte er also im wahrsten Sinne des Wortes wunschlos glücklich sein und müsste niemals mehr Dinge erleben, die er nicht erleben möchte, wie bspw. Erkrankung, Hunger, Liebeskummer etc. Der einzige Haken wäre, dass die Erfahrungen, die der Erfüllung des Wunsches entsprechen, nicht real wären, sondern künstlich erzeugt und daher im Grunde eine Illusion wären. Wenn Glücklichsein allerdings das höchste Ziel ist, dann gibt es an sich keinen vernünftigen Grund, der dagegenspräche, dass sich jeder Mensch an diese Maschine anschließen ließe. Insbesondere derjenige, der daran glaubt, dass die Materie den Geist erzeugt, dass es kein Leben nach dem Tod und dass es auch nichts Göttliches gibt, müsste diese Glücksmaschine freudig und uneingeschränkt begrüßen, erleichtert sie ihm doch das Glücklichsein in diesem Leben. Dennoch löst der Gedanke, dass die Erfahrungen nicht real sind, bei vielen Menschen ein Unbehagen aus, was womöglich ein Hinweis darauf ist, dass der Mensch von seinem Leben mehr erwartet als Glück in Form dauerhafter Wuncherfüllung und lustvoller Erfahrungen. Nozick sieht hier drei Erklärungsansätze: Zum einen wollen wir nicht nur die künstliche Erfahrung haben, bestimmte Dinge zu tun, sondern wir wollen sie auch *wirklich* tun. Zum anderen wollen wir eine bestimmte

„Glücklichsein" wie ich es hier verstehe, ist nicht rein körperlich – bspw. durch Substanzen – verursacht, sondern hat seinen Ursprung im Geist bzw. in der Bewertung der Eindrücke durch den Geist. Ich verstehe darunter ein tieferliegendes, angenehmes Gefühl, das sich als Folge einer (Gesamt-)Bewertung des eigenen Lebens ergibt.

Dieses – vereinfacht formuliert – „Streben nach Glück" hat für mich den Rang einer persönlichen absoluten Wahrheit und ist die Essenz des SPIELZIELS. Indem ich Dinge *will* und ihnen *zugeneigt* bin, kann ich durch die Willenserfüllung glücklich sein bzw. glauben, glücklich zu werden. Indem ich Dinge *nicht will* und ihnen *abgeneigt* bin, kann ich auch hier durch meine Willenserfüllung Leid vermeiden bzw. glauben, Leid zu vermeiden.[48] Der zentrale Impuls, der m.E. von jedem Menschen kultur-, orts- und zeitübergreifend ähnlich gefühlt wurde bzw. wird und zum

---

Person *sein* und uns dies nicht nur *einbilden*. Und drittens wollen wir, dass unser Erleben in der Welt verortet ist, von der wir annehmen, dass sie die Realität ist. Eine weitere Erklärung, die ich persönlich plausibel finde, könnte auch sein, dass es bestimmte Wünsche gibt – bspw. ein Brunch mit Gott – von denen wir wissen, dass die Maschine sie gar nicht erfüllen könnte, und für deren Erfüllung – je nach Glauben – womöglich das wirkliche Leben gelebt werden müsste und nicht dessen Simulation. Mit anderen Worten: Der Glaube an das Göttliche geht über die reine Wunsch- und Bedürfnisbefriedigung hinaus, und derjenige, der das illusionär erzeugte Glücksempfinden der Maschine ablehnt, hegt vielleicht einen leisen Zweifel, inwiefern es nicht womöglich doch noch etwas Höheres im Leben gibt, das es zu erkennen und zu erfahren gilt.

[48] Streng genommen könnte man auch überlegen, das Vermeiden von Leid als eine Form des Glücklichseins zu betrachten. Dementsprechend gäbe es nur noch ein einziges Ziel im Leben: Glücklichsein. Da ich aber aufgrund meiner Lebenserfahrung nicht den Eindruck habe, dass ein Vermeiden von Leid automatisch zu einem höheren Glücksgefühl führt, halte ich es für sinnvoll, diese beiden Dimensionen analytisch voneinander zu trennen. Ein anderer Gedankengang könnte darauf zielen, das SPIELZIEL in der Erfüllung meiner Willensäußerungen zu sehen, denn sowohl der Wille glücklich zu sein als auch der Wille Leid zu vermeiden sind letztlich Willensäußerungen, deren Erfüllung unmittelbar mit dem persönlichen Wohlbefinden zusammenhängt. Allerdings ist der Akt der Willenserfüllung für mich kein Selbstzweck, sondern bedarf eines höheren Ziels – in diesem Fall der Willenserfüllung, *um* glücklich zu sein.

Handeln anregt, ist also das Streben nach Glück – oder mit ökonomischer Nüchternheit ausgedrückt: Die persönliche Nutzenmaximierung.

Dies ist ein SPIELZIEL, das ich für wahr erachte, da mir weder empirisch noch rational eine Situation bzw. ein Gedankengang bekannt ist, in der die Handlung einer Person nicht auf diese persönliche Nutzenmaximierung zurückzuführen ist. Wenn ich Hunger habe, will ich bei einem ausreichend hohen Leidensdruck unbedingt etwas essen. Und jeden Morgen unter der Woche mache ich mich auf zur Arbeit, denn so gerne ich vielleicht im Bett geblieben wäre: Der Wille zur Arbeit zu gehen ist größer, da ich den Nutzen der Arbeit höher bzw. die Konsequenz des Nichtgehens als entsprechend negativer bewerte und ich in der Arbeit die Möglichkeit zum Geld verdienen sehe, woraus sich wiederum andere (wichtigere) Willensimpulse wie bspw. Hobbys und Reisen befriedigen lassen. Streng genommen maximiert selbst ein Sklave, der seinem Herren gehorcht, im Moment des Gehorsams seinen Nutzen und bewertet den möglichen Ungehorsam bzw. dessen Folgen als vergleichsweise geringwertig. Er ist dann zwar mit Sicherheit nicht wirklich glücklich, aber er leidet in diesem Moment subjektiv weniger als wenn er die andere Alternative wählen würde. Diese Vorstellung entspricht der Idee des **Psychologischen Egoismus.**[49]

---

[49] Der Psychologische Egoismus ist die Überzeugung und auch empirisch beobachtbare Tatsache, dass alles bewusste und unbewusste Streben, Verhalten und Handeln des Menschen in letzter Konsequenz darauf abzielt, sein eigenes individuelles Glück oder Wohlbefinden zu erhalten und zu steigern. Selbst ein altruistischer Akt wie bspw. die „uneigennützige" Weitergabe von Essen oder auch das „uneigennützige" Riskieren des eigenen Lebens, um ein anderes Leben zu retten, setzt voraus, dass ich mich mit dieser Entscheidung unterm Strich besser fühle, als wenn ich mich dagegen entschieden hätte – bspw., weil ich für meine Werte und Überzeugungen einstehe und dadurch mein Selbstbild bestätige und Schuldgefühle vermeide. Auch in diesem Fall geht es also in erster Linie darum, wie *ich* mich fühle, bevor ich anderen helfe. Würde ich das Leben eines mehrfachen Mörders uneigennützig retten wollen, wenn ich „wüsste", dass ich aufgrund dieser Tat auf ewig in der Hölle schmoren müsste? Und wer hier zögert, führt der nicht heimlich eine Kosten-Nutzenrechnung durch? Für mich gibt es daher keinen Altruismus, der ohne persönlichen Nutzen einhergeht. Dennoch verwende ich den Begriff des Altruismus, wenn ich dabei eine Handlung beschreibe, bei der es nicht die primäre *Absicht* ist, den

Im Zusammenhang mit dem SPIELZIEL gibt es für mich allerdings noch zwei weitere Vorbedingungen:

(1) **Ich *darf* den Dingen *Bedeutung* verleihen, weil ich *lebendig* bin**: Diese Erkenntnis leitet sich unmittelbar aus den Ausführungen zum SPIELFELD, respektive zum **Vitalismus** ab. Ich vertrete die Ansicht, dass das „am Leben sein" den Menschen zunächst einmal dazu ermächtigt, dem Leben und Erleben Bedeutung zu verleihen. Mit anderen Worten: Weil ich ein lebender Mensch bin, habe ich die Möglichkeit, den Dingen Bedeutung zu verleihen. Unter der Vergabe von Bedeutung verstehe ich in diesem Fall nicht die Definition und Zuordnung von Begriffen für die Phänomene der Welt, wie bspw. die Unterscheidung in Apfel, Birne, Banane etc. Es ist vielmehr die zeitpunktbezogene Vergabe von Wichtigkeit und Wert. Wenn ich hungrig bin, gebe ich der Nahrungsaufnahme Bedeutung. Ich möchte essen und der Impuls zu essen steigt mit dem Hungergefühl. Wenn ich Sport treibe, gebe ich meiner Gesundheit Bedeutung. Bin ich müde, so ist der Schlaf für mich sehr wichtig etc. In dem Moment, in welchem sich ein Impuls bzgl. einer Sache äußert, kommt automatisch Bedeutung ins Spiel und das Objekt meines Impulses gewinnt für mich an Priorität. Unbelebte Materie wie bspw. ein Stein oder eine Tasse hat diese Möglichkeit Bedeutung zu verleihen nicht. Ein (höher entwickeltes) Tier hingegen schon.

---

persönlichen Nutzen zu erhöhen – auch wenn es unweigerlich dazu kommen mag. Eine prosoziale Handlung wie bspw. eine Geldspende kann ausgeführt werden, damit einem anderen Menschen geholfen wird (altruistische Absicht) oder um vor den Augen der beteiligten Freunde und Passanten ein bestimmtes Bild von sich selbst zu vermitteln (egoistische Absicht).

Die Lebenskraft, die das Lebendige durchzieht, ist damit die grundlegende Voraussetzung für die Vergabe von Bedeutung. Zudem impliziert die Möglichkeit zur Vergabe von Bedeutung auch die Idee der **Dualität** als weitere Voraussetzung. Indem ich etwas will, bspw. die Pizza essen, um den Hunger zu stillen, gibt es andere Dinge, die ich in genau diesem Moment nicht oder weniger will. Das eine zu wollen, führt dazu, das andere nicht zu wollen und genau das impliziert die Dualität der Willensimpulse.

(2) **Ich *muss* den Dingen *unterschiedliche* Bedeutung verleihen, weil sie *leer* sind**: Diese Erkenntnis leitet sich unmittelbar aus den Ausführungen zu den SPIELREGELN, respektive zum Prinzip der Abhängigkeit ab. In den Dingen selbst ist keine Bedeutung aus sich selbst heraus enthalten. Ob das neue Handy, die neue Tasche oder der neue Job für mich Bedeutung haben, ist kein Wesensmerkmal dieser Dinge an sich. Bedeutung ist also nie *vorhanden*, sondern wird stets als Folge einer (un-)bewussten Bewertung *vergeben*. Zudem spielen auch das Prinzip der Subjektivität und das Prinzip der Veränderung eine Rolle. Diese besagen, dass die Vergabe von Bedeutung interindividuell verschieden (Subjektivität) und intraindividuell wandelbar (Veränderung) sein muss. Nur deswegen macht die Idee der bedingten Willensfreiheit als Wesensmerkmal des SPIELZIELS auch Sinn, denn gäbe es nur eine einzige Sache, die mich und andere permanent im gleichen Maße maximal befriedigte, so bräuchte ich niemals etwas Anderes zu „wählen", und jeder Mensch würde exakt die gleiche „Wahl" treffen.

Wenn das „am Leben sein" also an sich nun die Möglichkeit ist, den Dingen Bedeutung zu verleihen, dann ist – mit den Worten des Rappers Kool Savas – „der Sinn des Lebens, dem Leben einen Sinn zu *geben*". Eben gerade, weil ich es darf, bekommt in meinem Leben stets die Sache eine zeitpunktbezogene Bedeutung, die ich gerade bewusst oder unbewusst benötige (will) und für die ich mich bewusst oder unbewusst auch entscheide. Wenn ich mich bspw. dazu entscheide, nicht an Gott zu glauben, hat das Beten für mich keine Bedeutung bzw. es *erhält* von mir keine Bedeutung.

Die nachfolgende Abbildung verdeutlicht den Zusammenhang zwischen dem SPIELZIEL und seine Vorbedingungen:

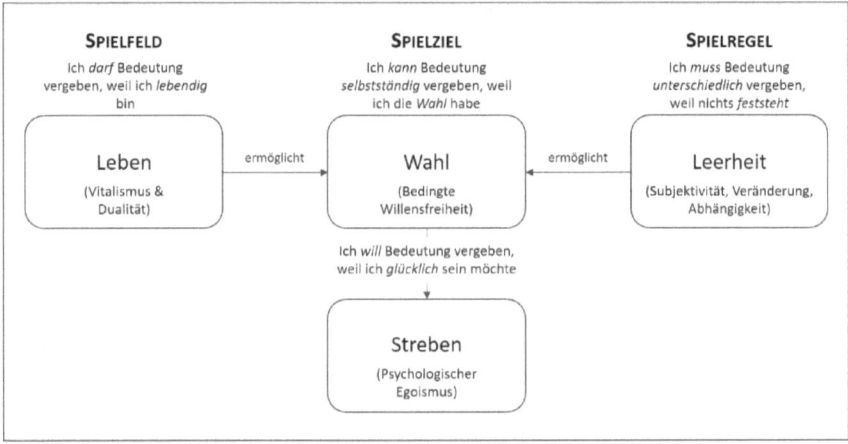

Abb. 2: Die Bedingungen des SPIELZIELS

Weil ich lebe und zudem Teil einer dualistischen Realität bin, *darf* ich den Dingen Bedeutung verleihen. Ich spreche hier bewusst von *darf* und nicht *muss*, denn würde ich mich bspw. für den Freitod entscheiden, so könnte ich dieses Privileg, das an mein Leben gekoppelt ist, auf diese Weise ablehnen. *Dürfen* impliziert zudem eine Art Erlaubnis und das „am Leben sein" ist für mich tatsächlich weniger eine Pflicht als vielmehr ein Privileg. Woher die Erlaubnis kommt und wodurch sie entsteht ist allerdings reine Spekulation.

Weil ich das Maß aller Dinge bin, die Dinge selbst leer von Bedeutung sind und sie sich zudem stets verändern, *muss* ich ihnen eine interindividuell unterschiedliche und intraindividuell wandelbare Bedeutung verleihen. In diesem Falle spreche ich von *muss*, da die SPIELREGELN, die dieser Bedingung zugrunde liegen, durch mich nicht geändert werden können. Selbst nach meinem Freitod blieben sie weiterhin in Kraft. Zwar nicht für mich, da ich nicht mehr lebendig wäre, aber dennoch für alles andere Lebendige im SPIELFELD, da sie unabhängig von mir gelten.

Beide Bedingungen ermöglichen nun, dass ich den Dingen *selbstständig* Bedeutung verleihen *kann*, weil ich durch die bedingte Willensfreiheit die Wahl habe, mich zu entscheiden. In diesem Fall habe ich mich für *kann* statt für *darf* entschieden, da das Ausmaß der Umsetzung und Ausschöpfung dieser Wahlfreiheit vom SPIELER abhängt und von ihm auch negiert werden könnte, wenn er sich selbst als fremdbestimmt erfährt.

Und zu guter Letzt gilt, dass weil ich glücklich sein möchte, ich Bedeutung vergebe *will*. Ich benutze an dieser Stelle den Begriff *wollen* statt *müssen*, denn obwohl auch letzteres passend wäre, da ich den Dingen tatsächlich Bedeutung verleihen *muss*, so ist es mir jedoch keine (lästige) Pflicht, mein subjektives Glücksempfinden und damit meinen Gesamtnutzen zu maximieren. Im Gegenteil, dies tun zu wollen ist die pure Essenz des SPIELZIELS.

Es lässt sich zu diesem Zeitpunkt also zusammenfassend festhalten, dass das SPIELZIEL:

- ❖ dem individuellen Streben nach Glück entspricht, das

- ❖ durch die bedingte Willensfreiheit (und nicht durch das Schicksal),

- ❖ durch das Leben sowie

- ❖ durch die Leerheit der Dinge (und nicht durch einen festen Wert) ermöglicht wird.

Diese bisherige Erkenntnis lässt sich als eher formelle Herleitung betrachten.[50] Ihr gegenüber steht nun die grundsätzliche Frage nach der
inhaltlichen Ausgestaltung. Wodurch gelingt es glücklich zu sein bzw.
Leid zu vermeiden und wie lässt sich dies erreichen? Diese inhaltliche
Ausgestaltung hängt stark von kulturellen, religiösen und persönlichen
Ansichten und Überzeugungen ab. Für einen Gläubigen bedeutet Glücklichsein möglicherweise ein gottesfürchtiges Leben im höchstmöglichen
Einklang mit seiner religiösen Überzeugung zu führen – und im Extrem-
fall deswegen Andersgläubige zu bekehren oder zu strafen. Für den He-
donisten hingegen steht die Maximierung von sinnlicher Lust und
Freude durch materielle Dinge und Erlebnisse im Vordergrund – im Ex-
tremfall durch rücksichtslose Exzesse und einer permanenten Suche
nach dem nächsten „Kick". Es zeigt sich also, dass hier ein Spannungsfeld zwischen sinnlichen Freuden auf der einen Seite und höheren religiösen, philosophischen oder spirituellen Vorstellungen und Überzeugungen auf der anderen Seite vorliegt. Vermutlich existieren innerhalb
dieses Spannungsfeldes so viele inhaltliche Ausgestaltungen zum Sinn
des Lebens, wie es Menschen auf der Welt gibt.[51]

---

[50] Diese Herleitung erscheint mir durchaus plausibel und ist theoretisch auch mit der
Idee des Schicksals kompatibel, denn selbst wenn alles vorherbestimmt wäre, so
müsste ich doch zwingend lebendig sein sowie inter- und intraindividuelle Unterschiede der Bedeutungsvergabe anerkennen. Zudem bliebe mir weiterhin das Gefühl erhalten, dass ich der Verursacher meiner Handlungen sei und nach dem
höchstmöglichen Glück strebte. Nur dann, wenn das Schicksal mein Streben nach
Glück, d.h. die letztendliche Vergabe von Bedeutung selbst, deterministisch voraus-
setzte, wären meine Ausführungen zum SPIELZIEL nicht mehr plausibel. Dann jedoch
wäre ich lediglich ein ahnungsloser Zuschauer meines eigenen Lebens, ohne selbst
die wirkliche Ursache für eine Wirkung zu sein, ohne Wahlfreiheit und auch ohne
Individualisierungs- und Wachstumsprozesse durch kritische Selbstreflexion und alternative Bedeutungsvergabe. All das wäre theoretisch möglich und darf natürlich
nicht final abgestritten werden. Allerdings entspricht diese Vorstellung weder meinem subjektiven Empfinden noch meiner persönlichen Präferenz. Ich halte sie wie
bereits oben ausgeführt für unplausibel und nutzlos.

[51] Ich habe den Eindruck, dass unter allen bekannten Lebewesen nur der Mensch mit
seinem eigenen Wertesystem ein solches Spannungsfeld besitzt. Das macht ihn
nicht „besser" als alle anderen Lebewesen, aber zumindest in dieser Hinsicht ein-
zigartig.

Wenn es nun „der Sinn des Lebens ist, dem Leben einen Sinn (Bedeutung) zu geben", dann darf das, worauf ich als Subjekt meine Bedeutung lege, und das keinen Wert aus sich selbst heraus besitzt, sondern diesen nur durch mich erhält, weil es per se leer ist, theoretisch alles sein, was ich mir vorstellen und denken kann. Mit anderen Worten: Der Mensch ist frei, seine Vergabe von Bedeutung selbst zu gestalten und seinen eigenen Sinn *festzulegen*. Von der vollkommenen Gottesfürchtigkeit bis hin zum absoluten Hedonismus ist alles möglich – und auch alles im Rahmen des SPIELZIELS erlaubt, denn dieses gibt keine Vorgaben für die inhaltliche Ausgestaltung, sondern beschreibt lediglich die potenzielle Erreichbarkeit durch die Vorbedingungen sowie die Orientierung durch den Psychologischen Egoismus.

Wenn der inhaltlichen Ausgestaltung des SPIELZIELS jedoch keine natürlichen Grenzen gesetzt sind, lässt dies theoretisch auch Raum für völlig „unmoralische" Lebensziele wie bspw. Gewalttätigkeit, Diskriminierung oder Pädophilie. Allerdings ist der Begriff „unmoralisch" eine Wertung, die dem Gegenstand der Sinnsuche erst *nachträglich* und zwar aus der Position eines subjektiven Bewertungsmaßstabes heraus verliehen wird. Sie ist kein Wesensbestandteil des Gegenstands der Sinnsuche an sich. Da wir als Menschen die Wahl haben, uns für alles, d.h. auch für die „unmoralischen" Dinge zu entscheiden, muss diese Möglichkeit – wenngleich zugegebenermaßen auch widerstrebend – grundsätzlich erstmal eingeräumt werden. Ein Blick auf unsere heutige Gesellschaft zeigt denn auch deutlich, dass diese Möglichkeit leider nicht gerade selten in Anspruch genommen wird.[52] Doch obwohl sie durch das SPIELZIEL

---

[52] Vom Standpunkt der Metaethik aus betrachtet, knüpfe ich damit zum einen an der Position des Nonkognitivismus an, für den das Einhalten von ethischen Regeln eine Frage des Charakters und nicht des Wissens ist, da Moral nur (willkürlich) antrainiert, nicht jedoch als abstraktes Wissen gelernt werden kann und daher auch keinen intersubjektiv verbindlichen Geltungsanspruch besitzt. Wen und wann ich töten darf ist gewissermaßen Auslegungssache. In unserer Gesellschaft ist Notwehr erlaubt. Es ist jedoch auch eine Gesellschaft denkbar, die selbst dies nicht tolerieren würde. Zum anderen knüpfe ich bei der Frage, ob es objektive Werte jenseits subjektiver Wertvorstellungen und Wünsche gibt, an die Position des Antirealismus an,

ermöglicht wird, muss sie von der Gesellschaft deswegen nicht zwangsläufig *toleriert* werden. Und wer Mitglied einer Gesellschaft sein möchte, die sich gegen Gewalttätigkeit, Diskriminierung und Pädophilie ausspricht, muss seine eigene Wahlfreiheit einschränken oder andernfalls mit Bestrafung oder Ausschluss rechnen. Dies ist dann Gegenstand der Ethik und der Rechtsphilosophie und soll an dieser Stelle nicht weiter vertieft werden.

Mit der Idee im Hinterkopf, dass jeder Mensch seinen Sinn frei wählen kann, habe ich mich lange damit beschäftigt, meinen eigenen Sinn, d.h. meine eigene inhaltliche Ausgestaltung des SPIELZIELS zu formulieren. Da das SPIELZIEL innerhalb des Möglichkeitsraums des SPIELERS sowie des SPIELFELDS sein muss, habe ich zunächst die Kategorien analysiert, in denen der SPIELER überhaupt „agieren" kann. Es macht bspw. keinen Sinn, das SPIELZIEL beim Basketball auf 50 Tore festzulegen, da zum einen Tore schießen nicht Bestandteil eines Basketballspiels ist und zum anderen die relative Punkteasymmetrie und nicht eine absolute Obergrenze den Sieg verursacht. Die Frage lautet also: In welchen Kategorien kann das SPIELZIEL unter Berücksichtigung des SPIELERS, des SPIELFELDS und der SPIELREGELN überhaupt ausgestaltet werden?

Ich habe mich dabei zunächst an den vier kantschen Fragen orientiert, aus denen Immanuel Kant seine Philosophie der Aufklärung entwickelte:

---

die besagt, dass ethische Werte nicht bzgl. ihrer objektiven Existenz überprüft werden können, sondern stets im Subjekt verhaftet sind. Dies entspricht dem Prinzip der Subjektivität. Die Idee, nicht zu töten, findet sich nicht als objektiv messbarer Wert in der Natur, sondern ist eine Konvention, für die ich mich entscheiden kann. Darüber hinaus knüpfe ich im Streit Moral versus Amoralismus, Relativismus sowie Nihilismus und ihrer Frage, ob man überhaupt moralisch sein *soll*, und falls ja, warum, an die Position des Dezisionismus an. Ihr zufolge kann es keine allgemein verbindlichen Begründungen für Werte oder moralische Positionen geben. Daher ist die Entscheidung von Menschen für diese oder jene Handlung letztlich absolut willkürlich und nicht mit den Mitteln logischer Analyse oder anhand ethischer Kriterien zu rechtfertigen. Mit anderen Worten: Niemand kann seine eigenen Wertvorstellungen zum universellen Maßstab machen.

(1) Was kann ich wissen? → Erkenntnistheorie
(2) Was soll ich tun? → Ethik
(3) Was darf ich hoffen? → Religion
(4) Was ist der Mensch? → Anthropologie

Die Fragen zur Religion und zur Erkenntnistheorie lassen sich m.E. in einer Oberkategorie „Wissen" zusammenfassen, wobei natürlich das Wissen der Erkenntnistheorie ein anderes „Wissen" darstellt, als der Glaube an das Göttliche. Dennoch handelt es sich in beiden Fällen um Überzeugungen, die ich als Mensch *habe,* mit denen ich aber nichts *mache.* Sie unterscheiden sich also in ihrer Qualität, d.h. in ihrem Grad der Gewissheit, bspw. weil ich das Wahrheitskriterium ersten Ranges auf das Wissen, nicht jedoch auf den Glauben anwenden kann. Allerdings gleichen sie sich darin, dass sie als persönliche Überzeugungen in meinen Erinnerungen abgespeichert werden. Auch die vierte Frage zum Wesen des Menschen ist grundsätzlich eine Frage, deren Beantwortung in erster Linie ein zusätzliches Wissen darstellt. Lediglich die Frage, was ich tun soll, eröffnet eine zweite Oberkategorie, nämlich die der „richtigen" Handlungen, d.h. der Ethik. In dieser Frage steckt die Suche nach einem klaren (ethischen) Bewertungsmaßstab, denn überall, wo der Begriff „sollen" auftaucht, wechselt die Perspektive von *be*schreibend (deskriptiv) zu *vor*schreibend (normativ). Damit lassen sich die vier Fragen also in zwei Oberkategorien verdichten, nämlich die des Wissens und die der Ethik. Eine identische Unterteilung hat bereits Aristoteles vorgenommen, indem er die Theoretische Philosophie (Verstehen der Welt) von der Praktischen Philosophie (Interaktion mit der Welt) abgegrenzt hat.

Geht man wie ich nun darüber hinaus von einem (bedingt) freien Willen aus, so gibt es m.E. noch eine dritte Kategorie, die auch Søren Kierkegaard angesprochen hat: Die *Entscheidungen* im Leben und das *Erfahren* der Konsequenzen. In jedem Augenblick *kann* ich mich entscheiden, bzw. *muss* ich mich entscheiden bzw. *werde* ich entschieden und spüre die Konsequenzen in der Gegenwart in meinem Geist, meinen Körper und in meinen Emotionen. Ob ich die nächste Zeile dieses Essays schreibe oder aber aufhöre, ob ich einen Joghurt esse oder doch lieber einen Milchreis: Anders als die Ethik, bei der es um die Frage geht, *wie*, d.h. auf Grundlage welcher Bewertung ich mich entscheiden *soll*, geht es in dieser Kategorie darum, *dass* ich mich entscheide und mich in der Entscheidung selbst als Mensch bzw. SPIELER *erfahre* und *erlebe*. Mit diesem Gedanken nähere ich mich auch der Denkrichtung der **Existenzphilosophie** an, die im Zentrum ihres Denkens die Existenz des Menschen im weitesten Sinne sowie die im konkreten irdischen Dasein verkörperte menschliche Individualität zum Gegenstand hat.

Zusammengefasst kann ich als SPIELER also Wissen und Glauben über mich und meine Umwelt erlangen, die Dinge beurteilen und bewerten und ihnen dadurch Bedeutung verleihen sowie in der Gegenwart permanent Entscheidungen treffen und mich dadurch selbst erfahren und erleben. Der leichteren Merkfähigkeit wegen habe ich diese drei Kategorien des SPIELZIELS in Form einer Alliteration als Leben, Licht und Liebe bezeichnet und wie folgt definiert:

❖ **Leben:** In jedem Moment des unaufhörlichen Stromes der Gegenwart habe ich die Möglichkeit, eine Wahl zu treffen und mich zu entscheiden. Es ist die bewusste Entscheidung, die meinem Leben im Hier und Jetzt Form und Kontur verleiht und mich zum gefühlten Urheber meiner Gedanken, Gefühle und Handlungen macht. Durch meine Entscheidungen werden meine Erfahrung und mein Erleben bestimmt. Jede Interaktion mit der Welt, sei es essen, schlafen, reden etc. basiert auf einer Entscheidung, die ich im Idealfall bewusst und selbstbestimmt getroffen habe. Nicht selten jedoch ist diese Entscheidung unbewusst und kommt mir daher nicht als *meine* Entscheidung vor. Oder ich treffe sie zwar bewusst, aber nicht wirklich freiwillig und fühle mich daher fremdbestimmt. Die inhaltliche Ausgestaltung des SPIELZIELS in dieser Kategorie betrifft sowohl Qualität und Quantität der Entscheidungen als auch die Intensität des Erlebens. Sprich: *Wofür* möchte ich mich entscheiden, *wie* *viel* möchte ich entscheiden und *wie sehr* möchte ich die Entscheidung erfahren, damit ich im Sinne des SPIELZIELS glücklich bin?

❖ **Licht:** In diese Kategorie des SPIELZIELS fallen Begriffe wie Wissen, Wahrheit und Weisheit. Durch ihre Mehrung und Anreicherung wachse ich und erkenne Zusammenhänge. Wie eine Sonne erhellt das Licht der Weisheit die Dunkelheit des Unwissenden und stiftet ihm im Sinne von Platons Höhlengleichnis eine glücklich machende Erkenntnis. Nicht ohne Grund ist der Begriff „Erleuchtung" als höchste Form der Weisheit und Erkenntnis kulturübergreifend mit der Idee des Lichts verwoben, welche die Dunkelheit erhellt. Allerdings ist das Licht als reine Erkenntnis ohne wertenden Bezug. Allein durch wahrhaftiges Wissen und Weisheit wird noch nicht klar definiert, was gut oder schlecht ist. Nur weil ich bspw. weiß, dass Papier aus Holz besteht, lässt sich daraus keine Bewertung ableiten. Im Gegenteil, der Wissende erkennt, dass er auch hier eine Wahl zu treffen hat, nämlich ob es für ihn gut oder schlecht bzw. nützlich oder nutzlos ist. Hier werden auch die Parallelen zum Prüfstein offensichtlich. Die inhaltliche Ausgestaltung des SPIELZIELS in dieser Kategorie betrifft Qualität und Quantität von Wissen, Wahrheit und Weisheit. Sprich: *Was* und *wie viel* möchte ich *worüber* wissen, damit ich im Sinne des SPIELZIELS glücklich bin?

❖ **Liebe:** In diese Kategorie des SPIELZIELS fallen all jene Aspekte, die mit der Bewertung dessen, was ist, zusammenhängen, d.h. bspw. die Vergabe von Bedeutung wie Nützlichkeit und Freude, aber auch Nächstenliebe und Mitgefühl sowie generell die Haltung mir selbst und anderen gegenüber. Der Begriff ist also im Grunde ein Sammelbegriff. Aber natürlich ist Liebe auch das, was in erster Linie unter diesem Begriff verstanden wird: Die leidenschaftliche Lust am Leben, die ich mit einem anderen

Menschen teile und der zum Spiegelbild dessen wird, was ich am meisten wertschätze. Die Liebe gibt dem Licht eine Orientierung – ohne jedoch selbst Licht zu sein, denn ein ausgeprägtes Mitgefühl hat nichts mit Wissen, Wahrheit oder Weisheit zu tun. Es ist die Entscheidung für eine bestimmte Ethik und einen bestimmten Bewertungsmaßstab. Die inhaltliche Ausgestaltung des SPIELZIELS in dieser Kategorie betrifft Qualität und Quantität der Bewertungen. Sprich: *Was* und *wie viel* möchte ich *wie* bewerten, damit ich im Sinne des SPIELZIELS glücklich bin?

Es erscheint mir plausibel, dass diese drei Kategorien alle möglichen inhaltlichen Ausprägungen und Kombinationen des SPIELZIELS enthalten. Wäre es bspw. mein SPIELZIEL analog zu Mutter Teresa möglichst vielen Menschen zu helfen, so würde ich dies am ehesten in der Kategorie Liebe verorten, denn Mitgefühl und Nächstenliebe waren bei ihr handlungsleitend. Wäre es hingegen mein SPIELZIEL, analog zu Elon Musk das Weltall zu bereisen und fremde Kulturen zu erforschen, so wäre dies tendenziell eher in der Kategorie Licht anzusiedeln, da hier die Neugier überwiegt. Und würde ich schlichtweg einfach nur wie Homer Simpson das Leben genießen wollen, ohne mir großartig viel Gedanken um andere Dinge machen zu müssen, so hätte mein SPIELZIEL eine starke Ausprägung in der Kategorie Leben, respektive in der Maximierung von Quantität und Intensität der schönen Erfahrungen.

Wichtig ist dabei zu betonen, dass ein SPIELZIEL stets Anteile aus allen drei Kategorien enthält. So wie Mutter Teresa sich tagtäglich dazu entschied (Leben) den Armen zu helfen (Liebe) und dabei wissen musste, wo sie gebraucht wird und wer ihre Hilfe auf welche Art und Weise benötigt (Licht), so hat auch Homer Simpson für sich entschieden (Leben), verstärkt die Dinge zu machen, die insbesondere ihm selbst Spaß machen (Liebe) und dafür genauso viel Wissen zu erwerben, wie er benötigt, um diese Dinge auszuführen (Licht).

Mit diesen drei Kategorien im Hinterkopf habe ich im Laufe der Zeit drei SPIELZIELE als für mich besonders erstrebenswert entdeckt/ erkannt/ erwählt:

❖ **Selbstbeherrschung | „Erhalte Deinen inneren Frieden":** Mit diesem Sᴘɪᴇʟᴢɪᴇʟ verbinde ich das, was Epikur bspw. als innere Gelassenheit bzw. Seelenruhe (Ataraxie) und damit als das höchste Prinzip eines gelingenden Lebens bezeichnet hat. Die Stoiker vertraten mit der Unempfindlichkeit bzw. Leidenschaftslosigkeit (Apatheia) eine ähnliche Vorstellung. Für mich ist es ein Zustand der Ausgeglichenheit, des Gleichmuts, nicht jedoch der Gleichgültigkeit. Auch in der Idee des daoistischen Nicht-Handelns (wuwei) sehe ich Parallelen, wenn ich den darin enthaltenen Kern der Widerstandslosigkeit herausschäle und mir vor Augen halte, dass diese Widerstandslosigkeit dem inneren Frieden zu Gute kommt, indem das, was ist, akzeptiert wird.

Die Idee der Selbstbeherrschung ist für mich ein eher fernöstlich inspiriertes Konzept, wobei es wie bereits erwähnt auch in der Antike propagiert wurde. Der Weg der Mitte zum Erhalt der Gelassenheit für die innere Balance. Es entspricht einer **Freiheit** *von* **Begierden**. Nicht durch Auslöschen dieser Begierden, sondern durch die Ausübung der Wahlfreiheit als Reaktion auf das Entstehen einer Begierde. Wenn ich hungrig bin, *kann* ich essen wollen, aber ich *muss* nicht essen wollen. Ein Tier oder auch ein Kind hingegen kann sich (noch) nicht zurücknehmen, wenn der Hunger aufkeimt. Es will (sofort) essen und reagiert zornig, wenn der Wille nicht unmittelbar erfüllt wird. Ein Mensch mit innerer Gelassenheit hat jedoch stets die Wahl, die Vergabe von Bedeutung neu zu gestalten. Wenn es mir gelingt, das, worauf sich mein Wille fokussiert, sowohl zu wollen als auch nicht zu wollen, habe ich nicht mehr das zwanghafte Gefühl, dem Objekt meiner Begierde alternativlos ausgeliefert zu sein. Ich habe die Wahl, bin selbstbestimmt und löse mich von der Fremdbestimmtheit durch den Willensimpuls. Der Buddha bezeichnet diesen Zustand als Nirwana, worunter ich in säkularer Interpretation ein Loslassen von allen leiderzeugenden Anhaftungen verstehe.[53] Wichtig ist dabei zu betonen, dass das Fühlen von Emotionen per se nicht als schlecht oder nutzlos abgelehnt wird. Es geht nicht darum Mr. Spock von Raumschiff Enterprise als Vorbild zu nehmen und ihm emotional nachzueifern. Im Gegenteil, ich halte es in bestimmten Situationen für plausibel und auch angemessen, mir die Kraft der Emotionen zu Nutze zu machen. Bspw. die Kraft des Zornes, wenn das eigene Leben oder

---

[53] Als säkularer Buddhist betrachte ich das Nirwana nicht als einen metaphysischen *Ort* ähnlich des christlichen Paradieses oder des antiken Elysions und auch nicht als einen metaphysischen *Zustand* der vom permanenten Glücksgefühl über den kolportierten Besitz von Wunderkräften (z.b. vollkommenes Wissen über alle Reinkarnationen) bis hin zum Aufgehen im absoluten Nichts reicht. Für mich ist Nirwana Freiheit von den Fesseln der Begierden und der Umstände. D.h. nicht, dass ich grundsätzlich keine Begierden mehr *habe* und ihnen entsage, sondern dass die Art und Weise wie ich auf sie *reagiere*, nicht mehr automatisch bzw. zwangsläufig einem gewissen Muster folgen muss. Ich bin im Gegenteil frei, meine Haltung gegenüber den Begierden auszuwählen. Um es mit den Worten des ersten deutschen buddhistischen Mönches Nyānatiloka Mahāthera etwas poetischer auszudrücken: „Ein Buddha lebt sanftmütig in einer Welt des Kampfes. Er verweilt suchtlos in einer Welt der Süchte. Er ruht leidbefreit in einer Welt des Leidens. Nirwana ist das höchste Glück. Gut ist es einen Erleuchteten zu treffen. Sein Licht erhellt die Welt. Seine Weisheit weist den Weg zum Glück." Ein Erleuchteter, d.h. jemand, der das Nirwana erreicht hat, entrückt also nicht, sondern verweilt in der Welt der Begierden, von der er weiterhin ein Teil ist. Spätestens beim nächsten Toilettengang oder bei der nächsten Nahrungsaufnahme wird dies klar ersichtlich. Er erleichtert sich, weil er Druck hat, bzw. isst, weil er hungrig ist und fühlt sich in beiden Fällen danach besser als zuvor. Er wird also kein Übermensch mit besonderen Fähigkeiten, sondern ist „lediglich" in der Lage, seinen Willen harmonisch an die (unveränderlichen) Bedingungen des Lebens anzupassen, um leidfrei zu sein. Diese Interpretation unterscheidet sich von manchen buddhistischen Schulen und auch von der Auffassung anderer spiritueller und esoterischer Richtungen. Letztere sehen die Erleuchtung nicht selten als eine Art übermenschliche Erhöhung an, die mit besonderen übermenschlichen Fähigkeiten einhergeht. Bspw. wird in der Transzendentalen Meditation des Maharishi Mahesh Yogi dem fleißig Praktizierenden das „yogische Fliegen" und das Durchschreiten von Materie wie bspw. Wänden versprochen. In meinen Augen ist jedoch gerade diese Gier nach diesen übermenschlichen Fähigkeiten eine subtile Anhaftung an Macht, die der Idee der Befreiung und damit der Erleuchtung entgegensteht.

das anderer Menschen ungerechtfertigter Weise bedroht ist. Auch die Einführung der Sklaverei in Deutschland würde mich zum aktiven Widerstand bewegen. Ich bin also durchaus bereit, meine von mir gewählten Werte zu verteidigen. Bei der Selbstbeherrschung geht es daher nicht um das *Abtöten* von Emotionen, sondern tatsächlich um ihre *Beherrschung* zwecks Erhalt des inneren Gleichgewichts. Ich möchte immer die Möglichkeit haben, alles annehmen zu *können*, wenn ich denn *wollte*. Eine alte Indianerweisheit fasst dies anschaulich zusammen:

Schweigend saß der Cherokee Großvater mit seinem Enkel am Lagerfeuer und schaute nachdenklich in die Flammen. Die Bäume um sie herum warfen schaurige Schatten, das Feuer knackte und die Flammen loderten in den Himmel. Nach einer gewissen Zeit meinte der Großvater: „Flammenlicht und die Dunkelheit, wie die zwei Wölfe, die in unseren Herzen wohnen". Fragend schaute ihn der Enkel an. Daraufhin begann der alte Cherokee seinem Enkel eine sehr alte Stammesgeschichte von einen weißen und einem schwarzen Wolf zu erzählen. „In jedem von uns lebt ein weißer und ein schwarzer Wolf. Der weiße Wolf verkörpert alles was gut, der Schwarze, alles was schlecht in uns ist. Der weiße Wolf lebt von Gerechtigkeit und Frieden, der Schwarze von Wut, Angst und Hass. Zwischen beiden Wölfen findet ein ewiger Kampf statt, denn der schwarze Wolf ist böse – er steht für das Negative in uns wie Zorn, Neid, Trauer, Angst, Gier, Arroganz, Selbstmitleid, Schuld, Groll, Minderwertigkeit, Lüge, falscher Stolz und vieles mehr. Der andere, der weiße Wolf ist gut – er ist Freude, Friede, Liebe, Hoffnung, Freundlichkeit, Güte, Mitgefühl, Großzügigkeit, Wahrheit und all das Lichte in uns. Dieser Kampf zwischen den beiden findet auch in Dir und in jeder anderen Person statt, denn wir haben alle diese beiden Wölfe in uns." Der Enkel dachte kurz darüber nach und dann fragte er seinen Großvater,

„Und welcher Wolf gewinnt?" Der alte Cherokee antwortete: „Der, den Du fütterst. Nur bedenke, wenn Du nur den weißen Wolf fütterst, wird der Schwarze hinter jeder Ecke lauern, auf Dich warten und wenn Du abgelenkt oder schwach bist wird er auf Dich zuspringen, um die Aufmerksamkeit zu bekommen, die er braucht. Je weniger Aufmerksamkeit er bekommt, desto stärker wird er den weißen Wolf bekämpfen. Aber wenn Du ihn beachtest, ist er glücklich. Damit ist auch der weiße Wolf glücklich und alle beide gewinnen. Das ist die große Herausforderung eines jeden von uns, das innere Gleichgewicht herzustellen. Denn der schwarze Wolf hat auch viele wertvolle Qualitäten – dazu gehören Beharrlichkeit, Mut, Furchtlosigkeit, Willensstärke und großes intuitives Gespür, Aspekte, die Du brauchst in Zeiten, in denen der weiße Wolf nicht weiterweiß, denn er hat auch seine Schwächen. Du siehst, der weiße Wolf braucht den schwarzen Wolf an seiner Seite. Beide gehören zusammen. Fütterst Du nur einen, verhungert der andere und wird unkontrollierbar. Wenn Du beide fütterst und pflegst, wird es ihnen guttun und ein Teil von etwas Größerem, das in Harmonie wachsen kann. Füttere beide und Du musst deine Aufmerksamkeit nicht auf den inneren Kampf verwenden müssen. Und wenn es keinen inneren Kampf gibt, kann man die innere Stimme des allwissenden Führers hören, die Dir in jeder Situation den richtigen Weg deutet. Frieden, mein Sohn, ist die Mission der Cherokee, ist das Leben. Ein Mann, der den schwarzen und weißen Wolf in Frieden in sich hat, der hat alles. Ein Mann, der in seinen inneren Krieg gezogen wird, der hat nichts. Dein Leben wird davon bestimmt, wie Du mit deinen gegnerischen Kräften umgehst. Lass nicht den einen oder anderen verhungern, füttere sie beide und beide gewinnen."

Aus dieser Geschichte wird deutlich, dass der schwarze Wolf und das, wofür er steht, nicht per se schlecht ist. Auch er hat seine wertvollen Qualitäten, und sofern es gelingt, ihm zur richtigen Zeit die angemessene Bedeutung zu schenken, sind diese Qualitäten sogar äußerst hilfreich. Aus der Idee der Selbstbeherrschung leite ich also keine Askese und Entsagung der Welt ab. Auch keine einseitige Distanziertheit von „negativen" Emotionen, sondern den von Buddha vorgeschlagenen Weg der Mitte und die Möglichkeit, mich (für einen der Wölfe) bewusst und frei zu entscheiden, ohne fremdbestimmt entschieden zu werden und darunter zu leiden.

❖ **Selbsterkenntnis | „Erkenne Dich selbst"**: Mit dieser Handlungsaufforderung, die als markante Inschrift den Eingang des Apollon-Tempels beim Orakel von Delphi zierte, verbinde ich den aktiven, dynamischen und niemals endenden Prozess der Selbsterkenntnis, sowohl durch Introspektion, d.h. durch Selbstbeobachtung, als auch durch Beobachtung der Umwelt. Dieses SPIELZIEL war bereits vor Jahrtausenden die Grundmaxime der antiken Philosophie und hat für mich auch heute noch eine unglaubliche Faszination und Strahlkraft, mit der ich mich komplett identifiziere und die mich glücklich macht. Anders als die Selbstbeherrschung ist die Selbsterkenntnis für mich eher ein aktiver Prozess, der die **Freiheit *von* Unwissenheit** ermöglicht. Es ist das einzige SPIELZIEL, das sich auch mit spirituellen Vorstellungen verknüpfen lässt, denn während die Selbstbeherrschung in erster Linie den Erhalt eines Gleichgewichts impliziert und die Selbsterfahrung auf das pure Erleben im Hier und Jetzt abzielt, vertieft die Selbsterkenntnis das Wissen über SPIELFELD, SPIELREGEL, SPIELER und SPIELZIEL. Kurzum: Das Wissen um das SPIEL DES LEBENS selbst. Es bereitet mir Freude, zu erkennen und zu erfahren und diese Erkenntnisse und Erfahrungen auch mit anderen zu teilen, indem es mir gelingt, sie dem Zeitgeist entsprechend adäquat zu formulieren. Dabei gilt für mich, dass *Wissen* einen höheren Stellenwert hat als *Glauben*, d.h. rationale und/ oder empirische Erkenntnisse besitzen für mich eine höhere Priorität als metaphysische Spekulationen. Auch der Buddha hat sich Zeit seines Lebens nicht sonderlich viel mit metaphysischen Spekulationen auseinandergesetzt und sogar davor gewarnt, weil sie aufgrund ihrer Unüberprüfbarkeit leicht zu einer „Universellen Absoluten Wahrheit" erhoben werden können, wenn man ihnen anhaftet und sich in ihnen verliert. Berühmt ist das folgende Gleichnis des Buddhas:

> *„Nimm an, ein Mensch sei von einem vergifteten Pfeil getroffen worden und seine Freunde und Verwandten holten einen tüchtigen Wundarzt, der Verwundete aber sagte: ‚Nicht eher will ich den Pfeil herausziehen lassen, als bis ich weiß, ob der Mensch, der mich verwundet hat, ein Adeliger oder ein Brahmane oder ein Bürger oder ein Diener ist, wie er mit Vor- und Familiennamen heißt, [...] ob er einen Bogen oder eine Armbrust benutzt hat, woraus die Bogensehne bestand, [...].' Dieser Mensch würde sterben, bevor er all dies erfahren hätte."*

Dem Buddha ging es also primär um die Befreiung von Leid im Diesseits in Form des bereits oben ausgeführten Ziels der Selbstbeherrschung, das offenbar auch ohne Annahmen über das Jenseits und ohne metaphysische Spekulationen erreicht werden kann. Dennoch entspricht es meinem Selbstbild als aufgeklärtem Freigeist, keine Wissensbereiche per se auszusparen. Aus diesem Grund beteilige ich mich im Rahmen der Selbsterkenntnis auch an metaphysischen Spekulationen, jedoch ohne sie an den Pfeil in meiner Brust zu koppeln. Mit anderen Worten: Mir ist bewusst, dass die Metaphysik mir nicht dabei hilft, den Pfeil des Leidens schneller oder schmerzfreier herauszuziehen, weshalb ich dies auch nicht von ihr *erwarte*. Ich möchte mich ihr aber dennoch nähern, um ein weiteres, spannendes Gebiet der Selbsterkenntnis zu betreten, *wenn* und *solange* der Pfeil draußen ist.

In Bezug auf die Selbsterkenntnis des eigenen Bewusstseins gilt zudem die Besonderheit der Selbstbezüglichkeit, denn Gegenstand, Instrument und Verursacher einer geistigen Innenschau (Introspektion) ist das Bewusstsein selbst. Dies führt allerdings zum Dilemma der Selbstbeobachtung. Der Philosoph Philipp Huebl hält hierzu fest: „Das eine Problem besteht in unserer Aufmerksamkeit, denn durch aktive Selbstbeobachtung verändern wir die Verteilung und vielleicht sogar die Natur unserer Erlebnisse im Bewusstseinsfeld. Dann haben wir aber keinen neutralen Zugang zu ihnen. Das andere Problem liegt in der möglichen Alternative, der Erinnerung. Doch bei rückblickenden Analysen könnte unser Vorwissen unsere Eindrücke überlagen. Oder sie werden künstlich konstruiert." Wir können also schlichtweg keine objektiven Erkenntnisse über uns selbst erhalten, denn nur ich selbst kann durch mich selbst mein eigenes Bewusstsein erforschen und unterliege dabei vollends dem Prinzip der Subjektivität.

Darüber hinaus ist das Ausmaß der Selbsterkenntnis wahrlich immens und ein Ende ist nicht in Sicht. Im Gegenteil: Wie ein Ballon, der durch das Aufblasen zwar mehr Luft enthält aber gleichzeitig eine immer größere Fläche zur Außenwelt hat, so wächst durch das zunehmende Wissen auch das Erkennen des Nichtwissens. Zudem lassen sich manche Sachen ggfs. erst in einer späteren Phase des Lebens oder in einer bestimmten Situation verstehen. Oder aber gar niemals. Wie bspw. erklärt man einem Blinden die Farbe Rot? Eine Parabel, deren Ursprung mir leider nicht bekannt ist, bringt dies auf den Punkt:

> *Einst zog die Schildkröte in den Weltmeeren umher und stieß auf eine Insel. Neugierig kroch sie an Land und spürte den Wind um ihren runzeligen Kopf rauschen. Er brachte seltsame, unbekannte Gerüche mit sich sowie Töne von Lebewesen, die sie noch nie zuvor gehört hatte. Völlig euphorisch kroch sie zurück ins Wasser und traf nach kurzer Zeit auf ihren Freund, den Fisch. Ihm erzählte sie aufgeregt ihre Eindrücke und Erfahrungen,*

doch der Fisch schaute sie lediglich skeptisch an. Seine
Welt war das Wasser. Nur das Wasser. Etwas wie Luft
oder gar Land konnte er sich schlichtweg nicht vorstel-
len. Und weil er es sich nicht vorstellen konnte, konnte
es auch nicht existieren.

Der Fisch handelt frei nach dem Motto: „Was man nicht kennt, lässt sich stets wunderbar leugnen." Im Kern ähnelt diese Parabel Platons Höhlengleichnis mit dem zentralen Unterschied, dass der Fisch nicht dieselben Erfahrungen machen *könnte*, selbst wenn er denn *wollte*. Ich halte es daher grundsätzlich weder für plausibel, dass vollkommene Erkenntnis möglich ist, da sowohl der menschliche Verstand als auch die menschliche Wahrnehmung und Sichtweise organisch und psychologisch beschränkt sind, noch, dass es überhaupt erstrebenswert ist, vollkommene Erkenntnis zu erlangen. Denn was bliebe übrig, wenn ich mich selbst vollständig erkennen und das SPIEL DES LEBENS in dieser Kategorie durchspielen würde? Womöglich (vor lauter Langeweile) nur noch der Wille zur Nichtexistenz. Insofern ist es gerade die Unvollkommenheit der Selbsterkenntnis, die mich dem Leben immer wieder aufs Neue staunend und freudig gegenüberstehen lässt. Ganz im Sinne der Idee „der Weg ist das Ziel" erfreue ich mich daher bereits über den Akt des Erkennens selbst und verknüpfe mein Glücksempfinden nicht mit dem Erreichen einer unerreichbaren vollkommenen Erkenntnis.[54]

---

[54] Mit den Werkzeugen der Selbsterkenntnis beschäftigt sich insbesondere die Erkenntnistheorie. Sie hat diverse Methoden der Erkenntnisgewinnung wie Logik, Dialektik, Deduktion, Induktion, Abduktion etc. entwickelt, um bspw. im Sinne meiner Prüfsteine gesichertes Wissen von spekulativem Glauben zu unterscheiden. Aber nicht nur die Verstandesbegriffe, sondern auch die Erfahrungen durch Eindrücke und Gefühle dienen mir als Quelle zum Erkennen meiner selbst. Bzgl. der Dialektik hält der Philosoph Otto Laske fest: „Für mich ist das dialektische Denken der Gipfel erwachsenen Denkens sowie auch eine Art zu leben. In der Dialektik ist das, was getrennt ist, gleichzeitig untrennbar. Wir sagen, ein Apfel ist etwas anderes als eine Birne. Logischerweise unterscheidet sich ein Apfel von einer Birne, sie haben unter-

❖ **Selbsterfahrung | „Erlebe das Leben"**: Wie bereits in den Vorbedingungen zum SPIELZIEL ausgeführt, sehe ich im „am Leben sein" die Möglichkeit, den Dingen Bedeutung zu verleihen. Daher spielt für mich neben der Selbstbeherrschung und der Selbsterkenntnis auch die Selbsterfahrung[55] eine große Rolle. Analog zum Psychologen Abraham Maslow, der in der Motivation zur Selbstverwirklichung ein unbegrenztes Wachstumsbedürfnis erkannt hat, sehe ich in dieser Kategorie des SPIELZIELS die Möglichkeit, das Leben in seiner gänzlichen Fülle zu *erfahren*. Das umschließt sowohl die schönen Momente als auch die weniger schönen Momente, denn erst durch diese Dualität erhalten die schönen Momente ihre Qualität. Es ist das Auskosten der sinnlichen Erfahrung dessen, was das Leben als solches zu bieten hat. Der Philosoph Frank Jackson hat hierzu ein spannendes Gedankenexperiment formuliert, das die Kernaussage des subjektiven Erlebens unterstreicht:

> *„Mary ist eine brillante Wissenschaftlerin, die, aus welchen Gründen auch immer, gezwungen ist, die Welt von einem schwarzweißen Raum aus mithilfe eines schwarzweißen Fernsehmonitors zu untersuchen. Sie speziali-*

---

schiedliche Namen, sie schmecken unterschiedlich und deshalb sind sie verschieden. Aber es ist nur dann sinnvoll zu sagen, dass Birnen und Äpfel verschieden sind, wenn wir gleichzeitig anerkennen, dass sie etwas gemeinsam haben: es sind beides Früchte. [...] Die dialektische Auffassung ist, dass Einheit und Verschiedenheit eine höhere Einheit bilden." Dialektisches Denken hilft also dabei, Gegensätze zu transzendieren, ohne sie zu negieren oder auflösen zu wollen. Ich halte das für einen sehr fruchtbaren Ansatz, der eine inspirierende Bereicherung für die eigene Selbsterkenntnis darstellt.

[55] Ich habe mich nach langem hin und her dazu entschieden, dieses SPIELZIEL nicht Selbst*verwirklichung*, sondern Selbst*erfahrung* zu nennen. Der Grund für diese Entscheidung liegt in der Konnotation, die mit dem Begriff Selbstverwirklichung mitschwingt. Sie impliziert für mich etwas Egoistisches, Materialistisches und auf ein bestimmtes Ziel Gerichtetes. Dahingegen ist die Selbsterfahrung etwas rein Prozessuales ohne Wertung.

---

siert sich auf die Neurophysiologie des Sehens und eig-
net sich, wie wir annehmen wollen, alle physikalischen
Informationen an, die verfügbar sind, über das, was pas-
siert, wenn wir reife Tomaten oder den Himmel sehen
und Begriffe wie ,rot' ,blau' usw. benutzen. Sie entdeckt
zum Beispiel, welche vom Himmel ausgehenden Wellen-
längen-Kombinationen genau die Netzhaut stimulieren
und wie genau dies mithilfe des zentralen Nervensys-
tems ein Zusammenziehen der Stimmbänder und Aus-
stoßen von Luft aus der Lunge hervorruft, das zur Äuße-
rung des Satzes ,Der Himmel ist blau' führt. [...] Was
wird passieren, wenn Mary aus ihrem schwarzweißen
Raum gelassen wird oder wenn man ihr einen Farbfern-
seher gibt? Wird sie etwas lernen oder nicht?"

Wenn Mary durch das Sehen der Farbe etwas Neues lernt, dann
ist es genau diese neue Erfahrung, die über das rein theoretische Wissen hinausgeht und nur durch das eigene Erleben gewonnen werden kann. Von dem wunderschönen Sternenhim-
mel in Honduras zu *hören* ist etwas anderes, als ihn selbst zu
sehen. Abenteuerliche Reisen und das Entdecken fremder Kulturen, verzücktes Lauschen von harmonisch klingenden Melodien sowie inspirierende Gespräche mit guten Freunden: All
diese Dinge aktivieren die Klaviatur der Gefühle und machen
das Leben lebenswert. Durch das Erleben im Hier und Jetzt bekommt das theoretische Wissen, das sich an der intellektuellen
Oberfläche meines Geistes herumtreibt, eine erfahrungsbasierte Tiefe und durchzieht mein Sein. Ich erlebe mich immer
dann besonders als Mensch bzw. als „am Leben sein", wenn ich
intensive Gefühle habe. Die Idee der Selbsterfahrung ist für
mich ein eher westlich geprägtes Konzept, das sich durch den
Fokus auf die eigene Entwicklung (Individuation) weit verbreitet hat. Es ist die **Freiheit *zu* Erleben**.

Alle drei SPIELZIELE eint die Idee der Freiheit (*von* Fremdbestimmtheit und *zur* Selbstbestimmtheit), und sie setzen das Individuum, also den SPIELER, in den Mittelpunkt. Für mich haben sie eine gleichberechtigte Bedeutung. Ohne eine ausreichend hohe Selbstbeherrschung gäbe es keine Muße für Selbsterkenntnis und Selbsterfahrung, denn wer hat schon Zeit, Ruhe und Kraft, sich selbst kennen zu lernen und zu verwirklichen, wenn er von einem Termin zum nächsten hetzt, cholerisch auf ungewollte Situationen und Äußerungen reagiert oder seinen Geist durch Routinen und Passivität abstumpft? Andererseits braucht es Selbsterkenntnis, um überhaupt zu wissen, wer ich bin, was ich *wirklich* will und was mir Spaß macht (Selbsterfahrung), und auch, um an der Gelassenheit zu arbeiten (Selbstbeherrschung). Aber selbst wenn ich maximal im Gleichgewicht wäre und ein hohes Maß an Selbsterkenntnis hätte, so würde ich die farbenfrohe Intensität des Lebens ja doch nicht spüren, wenn ich mich ihm nicht aussetzte und die Erfahrung verweigerte.

Zusammengefasst lässt sich mein persönliches SPIELZIEL, mein persönlicher Sinn des Lebens, um glücklich zu sein, wie folgt definieren:

> *Aus einem tiefen inneren Frieden heraus (Selbstbeherrschung) möchte ich den Blick sowohl nach innen wenden, um mich selbst zu erforschen (Selbsterkenntnis) als auch nach außen, um die Schönheit des Lebens in ihrer Vielfalt, Reichhaltigkeit und Intensität zu erleben (Selbsterfahrung).*

Der SPIELER ist in der Regel der Teilnehmer eines SPIELS. Entweder nimmt er direkt am SPIEL teil wie bspw. beim Basketball oder aber indirekt mit einer oder mehreren Spielfiguren wie bspw. beim Schach oder beim Computerspiel Counterstrike. In beiden Fällen jedoch steht hinter dem SPIELER jeweils ein einzelnes denkendes und lenkendes Subjekt, welches das SPIEL spielt und es mit seinen Entscheidungen prägt. Analog dazu gibt es auch im SPIEL DES LEBENS genau nur einen spielbaren Teilnehmer: mich selbst. Ich kann nicht *zwei* oder *mehrere* SPIELER sein, da ich nur *ein* Individuum mit *einem* Ich-Bewusstsein bin. Logischerweise bin ich auch nicht *kein* SPIELER, da ich ansonsten gar nicht existierte und diese Zeilen auch nicht schreiben könnte. Da der SPIELER also nur aus dem Individuum besteht und dieses Individuum in die Kategorie Mensch fällt, fallen demzufolge in dieses Kapitel alle Wissenschaften und Erkenntnisse, die sich schwerpunktmäßig mit dem menschlichen Geist (Psychologie, Philosophie des Geistes, Psychonautik) und mit dem menschlichen Körper (Humanbiologie, Medizin, Neurowissenschaft) auseinandersetzen.

In diesem Kontext wird oftmals über „Körper, Geist und Seele" als zentrale Aspekte der menschlichen Existenz gesprochen. Da für mich der Begriff „Seele" allerdings stark mit der Metaphysik des Christentums verbunden ist und den unveränderlichen Wesenskern eines Individuums impliziert, möchte ich ihn an dieser Stelle rein säkular als die Gesamtheit der subjektiven Emotionalität definieren und verwenden. Damit sind all jene Gemütszustände gemeint, die ich fühle und die mein persönliches Erleben ausmachen. Nachfolgend möchte ich hierzu meine Gedanken skizzieren, wobei ich dabei schwerpunkmäßig einen philosophisch-psychologischen Fokus und weniger einen naturwissenschaftlichen einnehme. Da der Mensch als Teil der Natur zu betrachten ist, d.h. in meinen Augen weder etwas Höheres darstellt noch außerhalb der Natur steht, nehmen die nachfolgenden Ausführungen zudem stets auch Bezug zum SPIELFELD.

❖ **Zum Wesen des Geistes**: So wie die Natur vom Geistigen durchzogen ist, so hat auch der Mensch eine geistige Dimension. Hier gilt es zunächst einmal die zahlreichen Begriffe zu ordnen, die dem Geistigen zugehörig sind. U.a. Geist, Bewusstsein, Unterbewusstsein, Verstand, Vernunft, Ego, Selbst, Ich, Identität und Persönlichkeit. Diese Begriffe werden im Alltag nicht selten synonym oder uneindeutig verwendet. Ohne sie an dieser Stelle mit wissenschaftlicher Präzision voneinander abzugrenzen, möchte ich folgendes Gleichnis einführen, das ich vom Psychotherapeuten Sylvester Walch entlehnt und für meine Zwecke modifiziert und erweitert habe:

> *Auf einem unbegrenzten Areal (der Geist) steht ein Haus (das Selbst) mit zahlreichen Zimmern (den Erinnerungen), von denen einige dunkel oder verriegelt sind (verdrängte Erinnerungen). Die Architektur des Hauses, die Farbauswahl und die Inneneinrichtung spiegeln ein unverkennbares Muster wider (die Persönlichkeit). Von außen erkennt man das Haus und kann auch in einige der erleuchteten Zimmer hineineinsehen (das Fremdbild). Vor dem Haus steht ein Hausmeister (das Ich). Er bringt Ordnung in das Haus (der Verstand) und verwaltet es nach einem bekannten Plan (die Vernunft) und einem unbekannten Forderungskatalog (das Unbewusste). Manchmal jedoch überschreitet er seine Rolle. Dann fühlt er sich plötzlich als Hausbesitzer (das Ego) und nicht mehr als Hausmeister (das Ich). Aus Angst, das Haus zu verlieren, bewacht er es fortan eifersüchtig und ändert zum Teil auch die Ordnung (Verstand) und den Plan (Vernunft), um Schutzmauern zu errichten und in seiner eigenen Rolle aufzugehen.*

Ein zentraler Begriff ist sicherlich das **Ich-Bewusstsein**. Darunter verstehe ich die tiefe Überzeugung, ein Individuum zu sein, das wahrnehmen, denken, vorstellen und erinnern kann und diese Vorgänge auch als „meine" Vorgänge betrachte. Ich bin ich und nicht Du oder jemand anderes. In einigen Denkschulen wird die Auflösung des Ichs, gefordert. Hier wird häufig als Begründung die Position vertreten, dass das Ich eine Illusion der Getrenntheit vom „Großen Ganzen" darstellt und diese aufrechterhält. Einer derartigen Aussage stehe ich jedoch skeptisch gegenüber, denn ich erachte die „Illusion der Getrenntheit" als notwendige Voraussetzung, um als Spieler im Spiel des Lebens überhaupt eigenständige Erfahrungen machen zu können. Denn: Selbst wenn es so wäre, dass alle Lebewesen ein Teil des „Großen Ganzen" wären, so halte ich es weiterhin für plausibel, dass ich letztlich nur durch die kolportierte „Illusion der Getrenntheit" das Leben überhaupt subjektiv erfahren und das Spielziel erreichen kann. Wäre mein Bewusstsein vollständig eins mit dem „Großen Ganzen", gäbe es kein Ich, das eigenständig erfahren könnte und keine Erfahrung, die nicht bereits gemacht wurde. Wenn ich keine Trennung von meinem Gegenüber spüren würde, sondern ich gleichzeitig auch er wäre, wie sollte *ich mich* dann freuen, wenn *ich* die Person bspw. überraschen möchte? Bin *ich* dann nicht auch gleichzeitig *er* und kann mich daher gar nicht mehr überraschen lassen? Denn würde das Ich tatsächlich aufgelöst werden, dann gäbe es mich als Individuum nicht mehr. Jegliche Form des Bestaunens von dem, was ist, setzt voraus, dass ich eben nicht vollkommenes Wissen habe und mit allem (bewusst) verbunden bin. Erst in der Beschränktheit des Wissens und in der Getrenntheit vom „Großen Ganzen" wird dieses Leben mit all seinen Facetten überhaupt möglich. Es braucht das getrennte Ich, um als Spieler das Spiel des Lebens zu spielen.

Mit Blick auf das obige Gleichnis mit dem Hausmeister (Ich) und dem Hausbesitzer (Ego) wird zudem deutlich, dass nicht das Ich, sondern das Ego eine „Gefahr" für das Wohl des Spielers darstellen kann. Das Ego plustert sich auf, verkennt die Realität, haftet an und schützt sich vor „Angriffen". Ich gehe daher davon aus, dass mit der Forderung nach der „Auflösung des Ichs" in einigen Fällen die „Auflösung des besitzergreifenden, anhaftenden Egos" gemeint ist. Von ihm muss ich mich lösen, wenn ich Selbstbeherrschung und Leidfreiheit erlangen möchte.

Zusammenfassend lässt sich daher festhalten, dass eine etwaige Ich-Auflösung und eine Rückkehr zum „Großen Ganzen" für mich keine erstrebenswerte Idee oder gar SPIELZIEL darstellt. Nicht nur, weil ich die Existenz des „Großen Ganzen" ohnehin nicht beweisen kann und sie daher glauben müsste, sondern auch, weil eine solche Idee dem Zweck des SPIELENS zuwiderläuft. Der Gedanke ist für mich nicht plausibel und in meinen Augen auch nutzlos. Eine Auflösung des Egos hingegen halte ich für plausibel und nützlich, da dies mit der Idee der Selbstbeherrschung und der Freiheit von Begierden im Einklang steht.[56]

Weitere zentrale Konzepte des Geistes sind für mich die verschiedenen Geistestätigkeiten. Unter der **Wahrnehmung** verstehe ich das bewusste Gewahrsein für die inneren und äußeren Stimuli. Ab einer bestimmten Intensitätsschwelle rieche ich das verbrannte Toast oder spüre den Muskelkater. Auch Erin-

---

[56] In einigen Fällen wird das Ich auch gerne als reine Illusion bezeichnet und nicht als Illusion der Getrenntheit. Quasi eine etwas abgeschwächte Variante ohne metaphysischen Überbau. Eine Illusion soll das Ich deshalb sein, weil es sich nicht im Körper, nicht im Gehirn, nicht im Herzen oder sonst wo befindet und ergo nicht *wirklich* existiert. Ich finde diese Aussage etwas missverständlich, denn in meinem subjektiven Erleben, erlebe ich mich als Ich. Wovon sollte das Ich also eine Illusion sein? Die Lesart, dass das Ich leer ist von einem eigenen Wesenskern, da es dem Prinzip der Abhängigkeit unterworfen ist, ist für mich schon eher plausibel. Dies wurde bereits als Idee des „Nicht-Selbst" im Rahmen der Ausführungen zu den SPIELREGELN dargelegt. Dennoch hat es in diesem Moment für mich eine (notwendige) Wirklichkeit, die es mir ermöglicht, das Leben zu erleben und ist daher keine Illusion im Sinne einer fehlerhaften Verkennung von realen Tatsachen.

nerungsfetzen oder Ängste, die rein geistiger Natur sind, müssen zunächst wahrgenommen werden, damit ich mir ihrer bewusst werde. Hierzu bedarf es in jedem Fall einer ausreichend hohen **Aufmerksamkeit**. Nur das, worauf ich meine Aufmerksamkeit richte – seien es Gedanken, Gefühle oder Sinneswahrnehmungen, hat eine Chance, von mir *bewusst* wahrgenommen zu werden. Indem ich meine Aufmerksamkeit erweitere, erweitere ich gleichzeitig auch den Bereich der bewussten Wahrnehmung. Einhergehend mit dem Ich-Bewusstsein und der Wahrnehmung ist spätestens seit Sigmund Freud auch die Idee des **Unbewussten** verknüpft.[57] Von den rund 400 Mrd. Bits an Informationseinheiten, die pro Sekunde auf mich einprasseln, werden Wissenschaftlern zufolge nur rund 2.000 pro Sekunde bewusst wahrgenommen. Der Rest wandert in mein Unterbewusstsein und hat dort eine unbewusste Wirkung auf mein Ich-Bewusstsein und mein Erleben.

Eine weitere wichtige Geistestätigkeit ist das **Denken** als Aufgabe des **Verstands**. Hierunter verstehe ich die Möglichkeit, meine Denkinhalte in Form von Begriffen zu ordnen, zu verstehen und ggfs. neue Erkenntnisse und Schlüsse daraus zu ziehen. Das kann rational, d.h. der Vernunft folgend oder irrational, d.h.

---

[57] Freud entwickelte ein Modell, das die Psyche des Menschen mit drei Teilen beschreibt: Das Es, das Ich und das Über-Ich. Das Es ist der Teil der Psyche, der die Triebe (z. B. Nahrungstrieb, Sexualtrieb), die Bedürfnisse (z.B. Geltungsbedürfnis, Machbedürfnis) und die Gefühle (z.B. Neid, Hass, Vertrauen, Liebe) beinhaltet. Das Es handelt nach dem Lustprinzip, d.h. es strebt nach unmittelbarer und maximaler Befriedigung. Es beeinflusst mich, ohne dass ich mir dessen stets bewusst bin. Das Über-Ich als zweiter Teil stellt die moralische Instanz dar, in der soziale Normen, Werte, Gehorsam, Moral und das Gewissen angesiedelt sind. Diese sind anerzogen und nicht angeboren. Das Ich als dritter Teil wird von Freud als jene Instanz beschrieben, die meinem Ich-Bewusstsein entspricht. In seiner Funktion vermittelt das Ich zwischen dem Lustprinzip des Es und den moralischen Ansprüchen des Über-Ich. Das Unterbewusstsein ist laut Freud weitgehend – jedoch nicht ganz – deckungsgleich mit dem Es.

nicht der Vernunft folgend passieren. In beiden Fällen jedoch wäre es das Denken, das abwägt und die Entscheidungsvorlage liefert. Daher ist es in meinen Augen auch nicht richtig, Denken nur mit Rationalität und Fühlen nur mit Irrationalität gleich zu setzen. Wenn mein Gefühl sagt, dass eine Situation bedrohlich ist, ich aber keine logischen Argumente dafür finde, warum das so sein sollte, so kann ich mich dennoch „vernünftig" auf Basis meiner vorliegenden Fakten und Quellen entscheiden, wenn ich meinem Gefühl aufgrund vergleichbarer Erfahrungen in der Vergangenheit vertrauen möchte und die Situation daher vermeide. In den letzten Jahren wurde das Denken an vielerlei Stellen als Übel betrachtet. In der Forderung, nur noch im Hier und Jetzt zu leben und achtsam zu sein, schwingt häufig die Vorstellung mit, dass das Denken der natürlich Feind dieses Zustands sei. Denken ist m.E. per se jedoch nicht nur Grübeln, Sorgen und Vergleichen, auch wenn es häufig so dargestellt wird. Es bedeutet auch Zusammenhänge erkennen, Schlüsse ziehen und sich selbst reflektieren. Wer nun pauschal fordert, man solle aufhören (so viel) zu denken, um ein glücklicheres Leben zu führen, der fordert nichts anderes als ein Dasein ohne Bewusstsein, ohne Denkinhalte und ohne Erkenntnis – einem Zombiedasein nicht unähnlich. Es ist also nicht das Denken an sich, das als Hindernis für ein glücklicheres Leben reduziert werden sollte, sondern bestimmte Denk*formen* (z.B. wiederholtes oder andauerndes Sorgen und Grübeln) und Denk*inhalte* (z.B. schmerzvolle Erinnerungen oder Zukunftsängste).

Auch dem **Erinnern** kommt als Geistestätigkeit eine wichtige Rolle zu. Gewissermaßen sind es meine Erinnerungen, die mir Identität verleihen und mir meine Existenz als „zusammengehörig" erfahren lassen. Hätte ich immer weniger Erinnerungen, bspw. durch Demenz, würde auch mein Selbst zunehmend verblassen. Könnte ich mich gar nicht mehr erinnern, dann gäbe es für mich auch nicht mehr die Idee der Vergangenheit, und auch das Ich würde ich nicht als mein Ich wahrnehmen. Es gäbe keine Erinnerungen an meine Kindheit, keine Erinnerungen an die Gründe, warum ich morgens überhaupt aufgestanden bin und auch keine Erinnerung, wer ich eigentlich bin oder was ich hier gerade mache. Es wäre ein unvorstellbares, zusammenhangsloses „Vor-sich-hin-leben".

Unter der Geistestätigkeit der **Bewertung** verstehe ich die bewusste oder unbewusste Vergabe von *Bedeutung* an die entsprechenden Stimuli im Inneren und im Außen sowie deren automatische *Beurteilung*. Die Stimuli im Inneren sind für mich die Gedanken, Vorstellungen und Erinnerungen, die Stimuli im Außen die Sinneseindrücke.[58] Mit anderen Worten: Ich bewerte bspw. den Geruch des verbrannten Toasts als *unangenehm* und den Muskelkater nach einem erfolgreichen Training als *angenehm*. Als SPIELER in einem dualistischen SPIELFELD kann ich mich von der dualistischen Bewertung auch nicht freimachen. Laut, leise, angenehm, unangenehm, groß, klein: Dies sind alles Bewertungen dessen, was ich wahrnehme. Der Geruch des verbrannten Toasts ist weder von Natur aus angenehm oder unangenehm, sondern wird von mir lediglich entsprechend gewertet. Daher stehe ich auch den Forderungen nach einer wertfreien bzw. nicht urteilenden Haltung, die bspw. durch tiefe Meditation möglich sein soll, skeptisch gegenüber. Selbst in der tiefsten Verzücktheit der Meditation, in der sich alle Konzepte auflösen und vermeintlich absolute Wertfreiheit herrscht, gibt es noch den Impuls, in dieser Verzücktheit zu verharren. Dies

---

[58] Im Buddhismus zählen die aufsteigenden Gedanken als 6. Sinn. Genauso wie ich nicht aus mir selbst heraus dafür sorgen kann, dass mich keine Geräusche oder kein Licht mehr erreicht, denn ich kann weder das Sehen noch das Hören „abstellen", genauso wenig kann ich es verhindern, dass bestimmte Gedanken einfach so oder zu bestimmten Anlässen aufsteigen und von mir wahrgenommen werden.

setzt jedoch zwingend eine (unbewusste) Bewertung der Verzücktheit als gut, angenehm und schön voraus. Sowohl im Vorfeld der Meditation als auch währenddessen. Daher sollte es m.E. nicht Ziel sein, durch Meditation Wertfreiheit zu erlangen bzw. nicht mehr werten zu wollen. Ein derartiges Ziel halte ich als dauerhaften Zustand für unplausibel, da unrealistisch. M.E. wäre es sinnvoller, diese Wertungen nicht mehr als objektive Realität im Außen, sondern als subjektive Konstrukte zu verstehen. Anders ausgedrückt: Ich kann nichts dagegen tun, *dass* ich werte, denn werten gehört zur Natur des Geistes und ist per se auch nichts Schlimmes. Ich kann allerdings etwas gegen die Annahme tun, dass ich meine Bewertung als Wahrheit betrachte, die auch für andere gelten muss und unter der ich womöglich leide. Das verbrannte Toast *ist* nicht stinkend. Es *erscheint mir* lediglich stinkend. Daher ist nicht die Wertung per se aufzulösen – denn ich möchte auch zukünftig in der Lage sein, schnell zu reagieren, wenn neben mir bspw. plötzlich ein Knall ertönt, der eine potenzielle Gefahr ankündigt – sondern das Anhaften an die Vorstellung, dass diese Wertung eine objektive, d.h. von mir unabhängige reale Tatsache widerspiegelt.

Eine letzte zentrale Geistestätigkeit ist die des **Wollens** bzw. der **Willenskraft**. Sie knüpft an die Vorstellungen zum (bedingt) freien Willen an und beschreibt die Energie, die ich bestimmten Entscheidungen und Zielen beimesse. Dem Psychologen Roy Baumeister zufolge lassen sich die Aufgaben der Willenskraft in vier Kategorien einteilen. Erstens die Kontrolle der Gedanken. Vermutlich kennt jeder die Situation, in der es einem nicht gelingt, bestimmte wiederkehrende Gedanken „abzustellen". Bspw. die Angst vor einer Prüfung oder die Trauer über eine Trennung. Sich in dieser Situation (dauerhaft) auf etwas anderes zu konzentrieren, bedarf einer entsprechend hohen Willenskraft.

Die zweite Aufgabe ist die Kontrolle der Emotionen, von Psychologen auch als Affektkontrolle bezeichnet, mit Parallelen zu der von mir im SPIELZIEL dargestellten Selbstbeherrschung. In einigen Fällen bedarf es einer entsprechend hohen Willenskraft, um in unangemessenen Situationen keine falschen Emotionen zu zeigen. Bspw. ein Lachen während einer Beerdigung oder ein Wutausbruch beim Monopoly spielen. Dabei geht es nicht um das Nichtfühlen oder Auslöschen von Emotionen, sondern um den Erhalt der Hoheit über die emotional bedingten Reaktionsmuster. Ich kann mich nicht zwingen glücklich zu sein, wenn ich krank bin, aber ich kann entscheiden, wie ich mit der Krankheit und den dazugehörigen Gefühlen umgehe.

Als dritte Kategorie der Willenskraft gibt es die Impulskontrolle. Sie beschreibt die Fähigkeit, Versuchungen wie bspw. Zigaretten, Alkohol, Glücksspiel etc. zu widerstehen. Habe ich mich bspw. dazu entschieden, eine Diät durchzuführen, so bestimmt das Ausmaß meiner Impulskontrolle, ob und inwiefern ich es schaffe, den Versuchungen des Essens zu widerstehen. Erneut geht es nicht darum, die Impulse selbst zu steuern. Wenn ich ein Stück Schokolade sehe, das mir schmeckt, dann kann ich aufgrund meines biologischen Erbes und meiner sozialen Prägung nicht anders, als für dieses Stück Schokolade Appetit zu empfinden. Ich stehe dem Impuls also machtlos gegenüber. Allerdings kann ich darüber entscheiden, ob ich „schwach" werde und die Schokolade esse, oder ob ich standhaft bleibe und sie bspw. aus meinem Sichtfeld entferne.

Die vierte und letzte Kategorie der Willenskraft ist die der Leistungskontrolle. Diese Leistungskontrolle bezeichnet die Konzentration auf die bevorstehende Aufgabe, die Auswahl der richtigen Mischung aus Geschwindigkeit, Korrektheit und Zeit sowie die (Selbst-)Motivation zum Weitermachen, wenn Lust und Freude an der Aufgabe versiegen. Bspw. ein Projekt auf der

Arbeit oder eine Trainingseinheit beim Sport. Grundsätzlich gilt, dass je häufiger ich mich am Tag entscheide, desto geringer wird mein Reservoir an Willenskraft. Und je geringer das Reservoir desto weniger entscheidungsfreudig werde ich und desto mehr versuche ich, Entscheidungen aufzuschieben oder ganz zu vermeiden.[59]

❖ **Zum Wesen des Körpers**: Mein Körper besteht aus Billionen unterschiedlicher Zellen und ist wie mein Gehirn ein unübersehbar großes Netzwerk aus Netzwerken, das dem materiellen Aspekt des SPIELFELDS zugehörig ist. Wie eine höchst komplexe Maschine ermöglicht er mir die Interaktion mit meiner Umwelt und bildet das Fundament für das „am Leben sein". Geht es *ihm* gut, geht es *mir* gut. Ist er jedoch krank, müde, hungrig oder sonst wie geschwächt, dann wirkt sich dies auch auf meinen Geist und meine Gefühle aus. Es ist also in meinen Augen wahr, dass der Körper einen Einfluss auf den Geist besitzt. Dieser Einfluss wird u.a. in der Forschung zum Embodiment untersucht, die genau diese Wechselwirkung zum Gegenstand hat. Bspw. zeigen Stu-

---

[59] Die Psychologen Jonathan Levav von der Columbia University und Shai Danziger von der Ben Gurion-Universität haben 2011 mehr als tausend Urteile israelischer Bewährungsrichter aus den letzten zehn Monaten untersucht. Im Durchschnitt gewährten die Richter nur jedem dritten Häftling die Bewährung. Allerdings zeigte sich bei näherer Analyse, dass in den Verhandlungen am frühen Vormittag 70% der Häftlinge begnadigt wurden, während es nachmittags nur noch 10% waren, obwohl es sich um vergleichbare Fälle handelte. Die Forscher vermuteten, dass jedes Urteil der Richter an dessen Willenskraft zehrte und es daher für die Richter ab einem bestimmten Punkt zu anstrengend wurde, neue Energie für die Entscheidungen aufzubringen. Aus diesem Grund entschieden sie sich für eine Alternative, die mit Blick auf die Konsequenzen einer Fehlentscheidung weniger riskant war: Der Erhalt des Status Quo und die Ablehnung der Begnadigung. Roy Baumeister hält hierzu fest: „Wir sind umso weniger bereit, Optionen aufzugeben, je ausgelaugter unser Wille ist. Da bei Entscheidungen unsere Willenskraft gefordert ist, suchen wir bei Erschöpfung Möglichkeiten, Entscheidungen aufzuschieben oder ganz zu vermeiden."

dien, dass das Halten eines warmen oder kalten Getränks unmittelbare Auswirkungen darauf hat, ob ich meinen Gegenüber sympathisch finde oder nicht, da mich die Temperatur in meinem Wohlbefinden unbewusst beeinflusst. Auch Körperhaltungen beeinflussen meinen Geist. Bspw. beeinflusst die Art und Weise wie ich stehe unmittelbar mein Selbstwertgefühl in diesem Moment. Eine aufrechte Haltung mit nach hinten gezogenen Schultern führt zu einem höheren Selbstwertgefühl als eine krumme und gebückte Haltung. Umgekehrt hat aber auch der Geist einen Einfluss auf den Körper. Von der positiven Psychologie über Selbstheilung (z.B. der Placebo-Effekt) bis hin zum schmerzverdrängenden Fakir, der über glühende Kohlen läuft oder auf einem Nagelbrett liegt: Die Grenzen des Körpers können durch den Geist und durch regelmäßige Übung verschoben werden.[60] Dies führt sogar soweit, dass auch der Körper selbst sich anpasst. Bspw. zeigt die Forschung zur Neuroplastizität, dass sich das Gehirn eines Menschen in Abhängigkeit seiner Handlungen sogar bis ins hohe Alter verändert.[61]

---

[60] Ein weiteres Beispiel für den Einfluss des Geistes auf den Körper stellt die sogenannte „Tummo-Meditationstechnik" dar. Als heiligste spirituelle Praxis in Tibet kontrolliert sie die innere Energie im Körper. Praktizierende haben 2013 im Rahmen einer wissenschaftlichen Untersuchung der National University of Singapore zeigen können, dass sie dazu in der Lage sind, ihre Körpertemperatur so zu erhöhen, dass sie in einer Umgebung von minus 25°C nasse Kleider auf ihrem Körper tragen und diese auch trocknen können, ohne dabei krank zu werden. Während die normale Körpertemperatur zwischen 35,8 und 37,2°C liegt, steigt die Körpertemperatur der Praktizierenden auf bis zu 38,3°C an.

[61] Im Jahr 2011 ließ Sara Lazar vom Massachusetts General Hospital die Gehirne von 16 Probanden untersuchen, die an einem 8-wöchigen Programm zur Achtsamkeits-Meditation teilgenommen hatten und im Durchschnitt 27min täglich meditierten. Im Vergleich zur Kontrollgruppe zeigte sich im MRT, dass die Dichte der Zellen in der mit Stress und Angst verknüpften Amygdala abgenommen und zugleich die graue Substanz in den Bereichen des Gehirns zugenommen hatte, die bspw. mit

Doch nicht nur die ausgeführte Handlung, sondern bereits allein die *Vorstellung* der Handlung hat einen nachweisbaren Effekt auf den Körper.[62]

Mein Körper ist auch Träger meiner fünf Sinnesorgane, die mir Sehen, Hören, Riechen, Schmecken und Tasten ermöglichen. Gerne sprechen Biologen neben diesen klassischen fünf Sinnen auch von drei weiteren Sinnen, nämlich Gleichgewichtssinn, Temperatursinn und Tiefensensibilität/ Körperempfindung. Auch über diese Sinne nehme ich meine Umgebung und meinen Körper wahr. Gäbe es ihn nicht, so würde „Ich" nicht (mehr) sein. Dennoch *habe* ich einen Körper, ohne deswegen ein Körper zu *sein*. Ich *habe* auch Gefühle, ohne meine Gefühle zu *sein*, und ich *habe* auch Gedanken, ohne meine Gedanken zu *sein*. Abschließend bleibt noch festzuhalten, dass mein Körper auch der Verursacher der innerkörperlichen Impulse wie bspw. Hungergefühl, Müdigkeitsgefühl, Krankheitsgefühl etc. ist. Da hier bereits die Idee der Gefühle mitschwingt, wird dieser Aspekt im nachfolgenden Gliederungspunkt separat ausgeführt.

❖ **Zum Wesen der Emotionen**: An dieser Stelle unterscheide ich zwischen dem Prozess des Fühlens als **Funktion** (Gefühl) und dem Objekt des Gefühlten als **Inhalt** (Emotion, Körperempfindung, Intuition). Ein Gefühl ist demnach also das bewusste Spüren einer Emotion (ich bin wütend), einer Körperempfindung (ich bin hungrig) oder einer Intuition (ich habe eine Ahnung). Gefühle können auch parallel auftreten und sich gegenseitig

---

Mitgefühl assoziiert sind. Zudem fühlten sich die Probanden neben den Veränderungen ihres Gehirns auch spürbar stressfreier und entspannter.

[62] Der US-Forscher Vinoth Ranganathan und seine Kollegen fanden 2004 in einem Experiment mit 30 Teilnehmern heraus, dass alleine die Vorstellung an eine physische Aufgabe bereits zu einem signifikanten Muskelzuwachs im Finger und im Ellbogen-Beugemuskel führt. Und das, obwohl sich die Probanden das dazugehörige Training lediglich vorgestellt hatten.

bedingen. Bspw. bin ich hungrig (Körperempfindung) und werde deswegen ungehalten und wütend (Emotion).

Die **Emotionen** als Inhalt der Gefühle sind für mich die Farben des Lebens, die sich mit der Lebenskraft im Sinne des Vitalismus in Verbindung bringen lassen, da sie mir Antrieb verleihen und mich zu Handlungen motivieren. Sie sind das erlebte Resultat der Vergabe von Bedeutung. Weder die Körperempfindungen noch die Intuition haben einen ähnlichen Stellenwert für die Vergabe von Bedeutung. In diesem Zusammenhang halte ich u.a. die Klassifikation des Psychologen Robert Plutchik für plausibel und nützlich. Er geht in seiner Klassifikation von acht Basisemotionen aus, die sich evolutionär entwickelt haben, sich kulturübergreifend gleichen und nicht auf andere Emotionen zurückzuführen sind.[63] Emotionen erfüllen dabei mindestens drei Funktionen, nämlich eine Verhaltenssteuerung, eine Informationsfunktion und eine Kommunikationsfunktion.

---

[63] Plutchik hat die acht Basisemotionen noch zusätzlich nach ihrer Intensität unterteilt, wobei die Emotion in Klammern die intensivere Variante darstellt: 1. Furcht (Panik), 2. Zorn (Wut), 3. Freude (Ekstase), 4. Traurigkeit (Kummer), 5. Akzeptanz (Vertrauen), 6. Ekel (Abscheu), 7. Überraschung (Erstaunen) und 8. Neugierde (Erwartung). Interessant ist, dass es nur eine eindeutig „positive" und sieben „negative" Emotionen gibt, was womöglich mit der Evolution und dem Überlebenskampf unserer Vorfahren zusammenhängt. Zudem wird Liebe von ihm nicht als einzelne Basisemotion betrachtet, sondern als zusammengesetztes und deutlich komplexeres Konzept. Um zu prüfen, inwiefern Emotionen angeboren sind oder nicht, führte der amerikanische Psychologe Paul Ekman bereits seit den 60er Jahren zahlreiche Studien in den USA, China, Papua–Neuguinea, Brasilien, Chile und Argentinien durch. Dabei legte er den Probanden in den verschiedenen Ländern Fotos von emotionalen Gesichtsausdrücken vor und stellte fest, dass die Probanden trotz ihrer kulturell unterschiedlichen Sozialisation zu überwiegend recht ähnlichen, bzw. identischen Einschätzungen kamen. Die Studien werden zwar nach wie vor kritisch betrachtet, liefern jedoch einen ersten Ansatz für eine globale genetische Ausstattung an Basisemotionen.

Wenn ich bspw. wütend werde, schießt Blut in meine Arme und Beine und ich bin „bereit für den Angriff" (**Verhaltenssteuerung**). Wenn ich hingegen den verschimmelten Aufstrich im Kühlschrank sehe und voller Ekel mein Gesicht verziehe, dann muss mein Verstand nicht erst überlegen, ob ich den Aufstrich doch noch essen möchte, denn eine Entscheidung ist bereits gefallen. Der Ekel schützt mich vor Keimen, Viren und Bakterien (**Informationsfunktion**). Und wenn meine Partnerin meinen Gesichtsausdruck beobachtet, dann erfüllt mein Ekel auch die dritte Funktion, nämlich die der **Kommunikation**. Meine Partnerin weiß nun, dass etwas mit dem Aufstrich nicht stimmt. Die Emotionen, auch die vermeintlich negativen, sind also nicht per se schlecht oder destruktiv, sondern haben eine evolutionär bedingte Funktion, die auch heute noch nützlich ist. Nicht das Fühlen der Wut ist daher die Herausforderung, sondern die womöglich unverhältnismäßige Intensität, die situative Unangemessenheit und der Verlust der Kontrolle. Gleiches gilt andersherum auch für freudige Emotionen wie bspw. für die Liebe. Sie ist nur so lange angenehm und positiv, bis der Begehrende das Objekt seiner Begierde besitzen und beherrschen möchte und sein eigenes Wohlbefinden davon abhängig macht. Dann wird sie zur Quelle von Eifersucht und ggfs. sogar Hass.

In meiner Vorstellung zum Zusammenhang zwischen Geist und Emotionen knüpfe ich an den Ideen der **Kognitiven Bewertungstheorien** an. Diese psychologische Strömung geht davon aus, dass Emotionen von spezifischen Situationsbewertungen hervorgerufen werden. Bspw. habe ich Angst *vor* etwas, bin wütend *wegen* etwas oder freue mich *auf* etwas. Mein Denken und Fühlen sind zwar eng miteinander verbunden aber es ist meine subjektive Einschätzung und Bewertung der Situation, die eine Emotion hervorruft oder verstärkt. Ich muss also zunächst einen Sinneseindruck oder einen Gedanken wahrnehmen, ihn anschließend bewerten und dann emotional darauf reagieren. Das passiert nur selten bewusst und kontrolliert. Wenn ich bspw. des nachts aufwache und eine Gestalt am Fenster sehe, dann springt mein Alarmsystem an und ich bekomme es mit der Angst zu tun. Zumindest solange, bis ich das Licht anknipse, in der vermeintlichen Gestalt die Silhouette meiner Schreibtischlampe erkenne und meinen Irrtum erkenne.

Ich halte es prinzipiell für nicht möglich, dass man bspw. grundlos wütend ist. Vielleicht kennt man den Grund nicht, oder will ihn nicht wahrhaben. Dennoch gibt es ihn. Es ist der Sinn des Lebens, Dingen Bedeutung zu verleihen und Bedeutung tritt stets mit Gefühlen, respektive mit Emotionen auf. Wenn nun der Akt der Bedeutungsvorgabe – ob bewusst oder unbewusst – notwendig ist, damit ein Ding Bedeutung erlangt und ihm eine Emotion zugeordnet werden kann, dann folgt daraus, dass jede Emotion von einer Wahrnehmung abhängt. Mal abgesehen von organischen Störungen gibt es also stets ein auslösendes Merkmal, das von der Bewertung blitzschnell zu einer Emotion führt und damit den Geist bzw. die (unbewussten) Geistestätigkeiten als Primat über die Emotionen stellt.

Die Kategorie der **Körperempfindungen** beinhaltet alles, was ich innerhalb meines Körpers erspüre, d.h. bspw. Hunger, Müdigkeit oder Schmerz. Nachdem ich die Körperempfindungen wahrgenommen habe, habe ich die bewusste Wahl – oder erfahre die unbewusst getroffene Entscheidung – mit einer bestimmten Emotion zu reagieren. Bspw. kann ich meinen Hunger erkennen und nach der entsprechenden Wahrnehmung gereizt und zornig werden. Vermutlich ist jeder schon mal einem Menschen begegnet, dessen Gereiztheit mit zunehmendem Hunger oder zunehmender Müdigkeit (über-)proportional angestiegen ist.

Die dritte Kategorie der Gefühlsinhalte entspricht der **Intuition**, die sich als „Bauchgefühl" äußert. Darunter verstehe ich in erster Linie das mehr oder weniger „non-rationale" Fühlen und Wissen, dass etwas gut oder schlecht ist. Aber auch ein „Geistesblitz", eine „spontane Einsicht" oder eine „kreative Eingebung" lassen sich dieser Kategorie zuordnen. In der Psychologie spricht man hierbei auch von der Intelligenz des Unbewussten und widmet ihr zunehmend mehr Aufmerksamkeit. Es wird davon ausgegangen, dass derjenige, der auf seinen „Bauch" hört, auf Erfahrungen zurückgreift, die er bereits gemacht hat. Er nutzt also blitzschnell erfahrungsbasierte Faustregeln und sein „intuitives Gespür" anstelle von langwierigem rationalen Abwägen. Und wenn das Bauchgefühl in einer Entscheidungssituation als eher schlecht empfunden wird, dann liegt das daran, dass die Intuition stark mit den Emotionen und den entsprechenden Körperreaktionen zusammenhängt.

Laut wissenschaftlicher Lehrmeinung handelt es sich bei der Intuition nicht um einen mystischen sechsten Sinn. Vielmehr hängt sie von den persönlichen Vorerfahrungen des Individuums ab. Sollte sich jedoch irgendwann mal herausstellen, dass die persönlichen Vorerfahrungen nicht alle Bereiche und Entscheidungen der Intuition erklären können, dann sehe ich hier am ehesten einen Ansatzpunkt für die potenzielle Verbindung zu einem kollektiven Weltgedächtnis. Die leise Ahnung im Hintergrund, die nicht auf die eigene Erfahrung, sondern auf kollektive Erfahrung zurückgreift. Sollte ein derartiger Zugang tatsächlich möglich sein, so wäre es für mich plausibel, dass er nicht über die klassischen Sinne, sondern über die Intuition erfolgt. Bislang gibt es hierfür aber keine Belege.

❖ **Zum Wesen der Gesinnung:** Ist der Mensch von Natur aus gut oder schlecht? Beide Gedankengänge haben auf dem ersten Blick durchaus ihre Berechtigung, und beide führen zu völlig unterschiedlichen Konsequenzen. Wenn der Mensch von Natur aus gut ist, stellt jede Verfehlung eine Trübung seiner Reinheit dar, die es zu „säubern" gilt. Ist er jedoch von Grund auf schlecht, so zeigt er in der Verfehlung seine wahre Natur und muss zum Gutsein „erzogen" werden.

Da jedoch die Attribute gut und schlecht keine eigenständigen Wesensmerkmale sind, die in den Dingen selbst – in diesem Fall im Wesen des Menschen – enthalten sind, ist diese Frage für mich schon im Kern falsch gestellt. Was heute schlecht ist, war früher womöglich gut. Bspw. erregte ein Sklavenhalter im antiken Griechenland keine moralische Entrüstung, denn Sklaverei war seinerzeit Gang und Gäbe. Mit der Brille des heutigen Zeitgeists würde die Bewertung womöglich anders ausfallen.

Ich persönlich halte den Menschen daher für ein Lebewesen mit dem Potenzial, sich in alle Richtungen zu entwickeln. Er ist frei von jeglicher „Erbsünde" aber geprägt durch Gene, Sozialisation und Situation. Diese drei Kategorien der Bedingung haben Einfluss darauf, ob der Mensch nach Maßstab des jeweiligen Zeitgeists gute oder schlechte Gedanken, Absichten und Handlungen besitzt bzw. ausführt. Aber dieser Einfluss ist m.E. nur deswegen möglich, weil sich der Mensch prinzipiell in alle Richtungen entwickeln kann, sofern ihn keine organischen oder sonstigen pathologischen Gründe daran hindern.

Mit dieser Ansicht nähere ich mich der Idee der **Buddha-Natur** an, wie sie insbesondere im Mahayana-Buddhismus vertreten wird. Sie beschreibt die Annahme, dass jedes Lebewesen, nicht nur der Mensch, die (angeborene) Fähigkeit und das Potenzial besitzt, zum Buddha zu werden. Daraus folgt nicht, dass jeder es (automatisch) auch wird, sondern dass er es werden *kann*.

Wir halten fest, dass der SPIELER als Mensch aus Körper, Geist und Seele besteht und diese Aspekte sich auch gegenseitig beeinflussen. Auf einem Blick lässt sich dieses Zusammenspiel wie folgt darstellen:

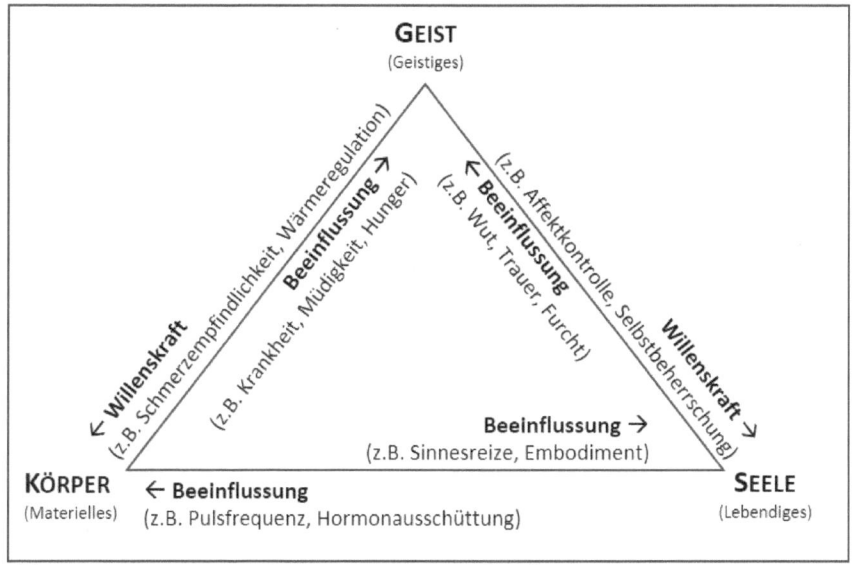

Abb. 3: Das Zusammenspiel von Körper, Geist und Seele

Mit der Annahme, dass der Mensch von seiner Gesinnung her weder gut noch schlecht ist und sich in alle Richtungen entwickeln kann, geht allerdings auch die Frage bzgl. seiner unterschiedlichen „Startbedingungen" einher. Ich halte es für wahr, dass jeder Mensch einen individuellen Ausgangspunkt im SPIEL DES LEBENS besitzt, der neben kulturellen und sozialen Faktoren insbesondere durch seine körperliche, geistige und emotionale Entwicklung bedingt ist. Es erscheint einleuchtend, dass die *körperliche* Entwicklung bspw. durch Alter (eher passiv) und Training (eher aktiv) beeinflusst wird. Ein Kind wächst noch und ein Leistungssportler verfügt über eine überdurchschnittliche Muskelmasse. Aber auch die *geistige* und die *emotionale* Entwicklung sind Folge des passiven, altersbezogenen Reifeprozesses und des aktiven „Trainings" bspw. in Form von Meditation.

Gemäß des Buddhas und der ersten seiner vier edlen Wahrheiten folgend, halte ich es für wahr, dass das SPIEL DES LEBENS aufgrund der SPIELREGELN als leidvoll *wahrgenommen* werden kann.[64] Hierzu gibt es drei zentrale Gründe, die auf den drei SPIELREGELN basieren:

(1) **Vergänglichkeit**: Alles verändert sich, ist unbeständig und hat einen abnehmenden Grenznutzen, macht mich also nicht dauerhaft glücklich (→ Prinzip der Veränderung)

(2) **Leidhaftigkeit**: Alles wird zeitpunkt- und zeitraumbezogen als unzulänglich wahrgenommen, macht mich also nicht vollkommen glücklich (→ Prinzip der Subjektivität)

(3) **Abhängigkeit**: Alles ist voneinander abhängig und macht nie aus sich selbst heraus glücklich, da es „leer" ist (→ Prinzip der Abhängigkeit)

Nicht selten hängt der Mensch dem Irrglauben an, dass wenn ein bestimmtes Ereignis eintritt (bspw. der Beginn einer Beziehung, die Beförderung auf Arbeit, der Erwerb des neusten iPhones etc.), sich dann automatisch ein vollkommener und ggfs. sogar dauerhafter Glückszustand einstellt. Da aber alles vergänglich ist und nichts aus sich selbst heraus einen Wert besitzt, verblasst mit der Zeit auch das Glücksgefühl, bis ich mich an den neuen Zustand gewöhnt habe. Dann werde ich wieder gelangweilt oder unzufrieden und verknüpfe meine Hoffnung mit dem nächsten Ereignis, dem ich Bedeutung beimesse und dem ich erneut

---

[64] Oftmals findet sich in Texten zum Buddhismus die Aussage „das Leben *ist* leidvoll". In meinen Augen wird damit eine ontologische Wahrheit behauptet, die völlig unbegründet ist, da bereits in den Ausführungen zu den SPIELREGELN herausgearbeitet wurde, dass kein Ding aus sich selbst heraus Bedeutung hat, sondern zwingend ein Subjekt mit Bewusstsein erforderlich macht, das dem Ding Bedeutung verleiht. Somit kann das Leben an sich nicht leidvoll *sein* sondern nur als leidvoll *wahrgenommen* werden.

hinterherjage, um nun endlich vollkommen und permanent glücklich zu sein. Da die Dinge jedoch leer von Bedeutung sind und die Einteilung in gut und schlecht lediglich die Folge meiner subjektiven Wahrnehmung ist, trage letztendlich nur ich die Verantwortung dafür, ob ich in bzw. mit einer gegebenen Situation glücklich und zufrieden bin oder nicht. Der Schlüssel liegt in mir und nicht in den Dingen. Allerdings ist dies nicht immer ein leichtes Unterfangen und häufig ist es genau die Fähigkeit zur subjektiven Wahrnehmung, die zur Quelle von Unzufriedenheit und Leid mutiert – vor allem, wenn sich meine Gedanken unkontrolliert verselbstständigen. Eine Geschichte des Kommunikationswissenschaftlers Paul Watzlawick verdeutlicht diesen Umstand humorvoll:

Ein Mann will ein Bild aufhängen. Den Nagel hat er, nicht aber den Hammer. Der Nachbar hat einen. Also beschließt unser Mann, hinüberzugehen und ihn auszuborgen. Doch da kommt ihm ein Zweifel: Was, wenn der Nachbar mir den Hammer nicht leihen will? Gestern schon grüßte er mich nur so flüchtig. Vielleicht war er in Eile. Vielleicht hat er die Eile nur vorgeschützt, und er hat was gegen mich. Und was? Ich habe ihm nichts getan; der bildet sich da etwas ein. Wenn jemand von mir ein Werkzeug borgen wollte, ich gäbe es ihm sofort. Und warum er nicht? Wie kann man einem Mitmenschen einen so einfachen Gefallen abschlagen? Leute wie dieser Kerl vergiften einem das Leben. Und dann bildet er sich noch ein, ich sei auf ihn angewiesen. Bloß weil er einen Hammer hat. Jetzt reicht´s mir wirklich. Und so stürmt er hinüber, läutet, der Nachbar öffnet, doch bevor er „Guten Tag" sagen kann, schreit ihn unser Mann an: „Behalten Sie Ihren Hammer".

In der zweiten edlen Wahrheit nennt der Buddha drei Ursachen (Geistesgifte), die verantwortlich dafür sind, dass wir das Leben als (teilweise) leidvoll wahrnehmen:

(1) **Unwissenheit**: Wir besitzen kein klares Verständnis über die Dinge an sich und über die SPIELREGELN des SPIEL DES LEBENS. Unsere eigene Sicht der Dinge basiert auf Fehlschlüssen,[65] unhinterfragten Glaubenssätzen[66] oder schlichtweg wilden Spekulationen und Aberglauben[67]. Während sich diese Beispiele eher

---

[65] Auch die Logik kann Fehlschlüsse begünstigen. Ich kann bspw. sagen, dass Person A ein Mensch ist und alle Menschen schlecht sind. Die logische Schlussfolgerung wäre demzufolge, dass auch Person A schlecht ist, da A ein Mensch ist. Formell wäre dies ein richtiger Schluss. Gleichwohl wären die Prämissen, nämlich in diesem Fall die Annahme, dass alle Menschen schlecht sind, falsch, so dass trotz formell richtiger Schlussfolgerung ein inhaltlicher Fehlschluss vorliegt. Mit anderen Worten: Die Aussage wäre logisch aber nicht wahr.

[66] Für die unhinterfragten Glaubenssätze gibt es eine schöne Geschichte mit dem Namen „5-Affen-Experiment", die entgegen andersartiger Vermutungen nicht wahr ist, die Kernaussage dennoch eindrucksvoll vermittelt: Eine Gruppe von Wissenschaftlern setzte fünf Affen in einen Käfig. In der Mitte des Käfigs war eine Leiter mit Bananen am oberen Ende, und jedes Mal, wenn ein Affe die Leiter hinaufkletterte, wurden die restlichen Affen mit kaltem Wasser bespritzt. Nach einiger Zeit schlugen die anderen Affen den Affen, der versuchte, die Leiter hochzuklettern, und von da an versuchte keiner der Affen mehr, die Banane zu erreichen. Die Wissenschaftler beschlossen einen der Affen auszutauschen. Das erste, was der ausgewechselte Affe versuchte, war die Leiter hochzuklettern. Die anderen Affen schlugen ihn direkt und nach einigen Schlägen lernte auch der neue Affe, dass er die Leiter nicht hochklettern durfte, obwohl er nicht wusste warum. Ein weiterer Affe wurde ausgewechselt und dasselbe Szenario passierte. Der erste ausgewechselte Affe beteiligte sich an dem Schlagen des zweiten Affen. Nun wurde ein dritter Affe ausgetauscht und alles wiederholte sich. Dann wurde der vierte Affe ausgetauscht und zum Schluss der fünfte Affe. Was übriggeblieben war, war eine Gruppe von fünf Affen, die, obwohl sie nie eine kalte Dusche bekommen hatten, jeden verprügelten, der es wagte die Leiter hinaufzuklettern.

[67] Gerade der Hang zum Aberglauben ist offenbar ein fester Teil bei der Verarbeitung von Umwelteindrücken. Der Wissenschaftler Burrhus Skinner hat 1948 Vögel in eine Kiste eingesperrt, in die alle 15 Sekunden automatisch ein Leckerbissen fiel. Schon sehr zeitnah begannen die Vögel damit, merkwürdige, bizarr erscheinende Verhaltensweisen zu entwickeln: Einige von ihnen drehten sich immer wieder im Kreis herum, andere streckten den Schnabel in regelmäßigen Abständen in eine bestimmte Ecke des Kastens und wieder andere machten schleudernde Bewegungen mit dem Kopf. Sie wiederholten dabei genau jene Bewegungen, die sie zum Zeitpunkt der Futtergabe ausgeführt hatten, offenbar in der Annahme, dass es genau

auf die Denk*inhalte* konzentrieren, gibt es in der Psychologie auch eine Reihe von Effekten, die speziell auf fehlerhafte Denk*formen* hinweisen. Bspw. der Sleeper Effekt, der besagt, dass der Mensch die Quelle von Argumenten schneller vergisst als die Argumente selbst. In Zeiten von Fake News und unseriösen Quellen hat das womöglich recht weitreichende Konsequenzen, denn gibt es eine Antipathie gegenüber der (unglaubwürdigen) Quelle und eine Sympathie gegenüber der (falschen) Argumente, dann verblasst die Antipathie mit der Zeit und was bleibt ist die Sympathie für die Fake News. Ein weiteres Beispiel ist der Dunning-Kruger-Effekt, der beschreibt, dass inkompetente Menschen dazu neigen, ihre eigene Kompetenz zu überschätzen und die der anderen zu unterschätzen. Der Psychologe David Dunning hält hierzu fest: „Wenn jemand inkompetent ist, dann kann er nicht wissen, dass er inkompetent ist. [...] Die Fähigkeiten, die man braucht, um eine richtige Lösung zu finden, [sind] genau jene Fähigkeiten, die man braucht, um eine Lösung als richtig zu erkennen." Auch die sogenannte Déformation professionelle beschreibt eine fehlerhafte Denkform: Der Mensch neigt dazu, Probleme überwiegend mit den ihm bekannten bzw. von ihm erlernten Bewältigungsstrategien anzugehen, ohne die Möglichkeit eines Perspektivenwechsels in Betracht zu ziehen. Mark Twain sagte dazu: „Wenn Dein einziges Werkzeug ein Hammer ist, wirst Du jedes Problem als Nagel betrachten." Weitere Denkfehler sind bspw. der Barnum-Effekt[68]

---

jenes Verhalten wäre, das für das Erscheinen des Futters verantwortlich sei. Da alle 15 Sekunden das Futter weiter in den Käfig hereinfiel, verstärkte dies den Irrglauben und die Verhaltensweisen wurde fortgeführt. Ähnliches lässt sich auch bei Menschen und ihren Glücksbringern oder sonstigen Ritualen beobachten, mit denen Einfluss auf die Situation genommen werden soll.

[68] Der Barnum-Effekt bezeichnet die Neigung von Menschen, vage und allgemeingültige Aussagen über die eigene Person so zu interpretieren, dass sie als zutreffende

oder der Confirmation Bias[69]. Womöglich am schlimmsten, da am fundamentalsten, ist der sogenannte Bias Blind Spot. Darunter versteht sich die Ansicht, dass man selbst im Vergleich zu anderen völlig frei oder zumindest freier von Beeinflussungen ist und solche psychologischen Phänomene und Effekte nur auf andere zutreffen.

Sowohl die fehlerhaften Denkinhalte als auch die fehlerhaften Denkformen umfassen den Bereich der Unwissenheit, den es zu erkennen und zu verkleinern gilt.

Beschreibung empfunden werden. 1948 hat der Psychologe Bertram Forer ein Experiment durchgeführt, bei dem er seine Studenten einen angeblichen Persönlichkeitstest absolvieren ließ. In Anschluss an den Test gab er jedem Teilnehmer sein individuelles Ergebnis in Form einer persönlichen Charakterbeschreibung und forderte sie dazu auf, den Wahrheitsgehalt dieser Auswertung auf einer Skala von 0 bis 5 zu bewerten. Der Durchschnitt lag bei 4,26 Punkten, was bedeutet, dass die Auswertung mehrheitlich als zutreffend gewertet wurde und die Teilnehmer sich mit dem Text und der darin enthaltenen Charakterbeschreibung identifizieren konnten. Tatsächlich jedoch hatte Forer allen Teilnehmern exakt denselben Text als „Ergebnis" ausgehändigt, der nichts mit dem vorangehenden Persönlichkeitstest zu tun hatte, sondern aus Texten eines am Kiosk erhältlichen Horoskops bestand. Offensichtlich wollten die Teilnehmer an den personenbezogenen Wahrheitsgehalt des Texts glauben, obwohl er völlig beliebig war. Der Barnum-Effekt erklärt daher auch, warum in fast jedem Horoskop und sonstigen Formen der Wahrsagerei viele Elemente enthalten sind, die allein aufgrund ihrer vagen Formulierung auf den Leser „zutreffen", nämlich weil dieser es (unbewusst) so will.

[69] Der Confirmation Bias beschreibt die menschliche Neigung, Informationen so auszuwählen, zu ermitteln und zu interpretieren, dass diese die eigenen Erwartungen erfüllen und in das eigene Weltbild passen. Das, was wir glauben, finden wir immer wieder wissenschaftlich oder medial bestätigt. Die dagegensprechenden Informationen jedoch sind für uns immer unseriös oder unwissenschaftlich. Darüber hinaus erinnern wir uns bevorzugt an solche Informationen, die unsere Haltungen belegen und vergessen die Gegenargumente. Letztlich umgeben wir uns dann auch lieber mit solchen Menschen, die unser Weltbild stützen und lesen auch nur noch entsprechende Medien. Im schlimmsten Fall führt dies zu einem Echokammer-Effekt, wenn um uns herum ausschließlich konforme Informationen zirkulieren und kein Raum mehr für gegenteilige Information existiert. Ein Szenario, das in den sozialen Medien wie bspw. Facebook bereits seit längerem zu beobachten ist.

(2) **Anhaftung**: Vom Standpunkt der Evolutionspsychologie aus betrachtet hat es die Natur mithilfe der Evolution so eingerichtet, dass positive Gefühle dabei helfen, ein überlebens- und fortpflanzungsförderliches Verhalten anzustreben und entsprechend konträre Aktivitäten zu vermeiden. Wer bspw. Freude beim Sex verspürt, tut dies häufiger und sichert dadurch das Überleben seines Genpools. Die positiven Gefühle sowie die Gier nach ihnen stellen also im Grunde einen Selektionsvorteil dar. Gleichzeitig wurde dafür gesorgt, dass diese positiven Gefühle nicht von Dauer sind, um mithilfe der Gier nach diesen Gefühlen das Verhalten immer wieder aufs Neue belohnen zu können. Belohnung und die Erwartung der Belohnung sind enorm starke Motivatoren.

Die Gier nach ihnen jedoch hat sich jedoch mittlerweile verselbstständigt. Wir sind davon überzeugt, dass wir (nur) bestimmte Dinge im außen zwingend brauchen, um wahrhaft glücklich zu sein. Das fängt bei materiellen Anhaftungen (bspw. eine Schokolade, eine Tasche, ein iPhone) an und geht über soziale Anhaftungen (bspw. die Anerkennung von Freunden, eine feste Partnerschaft, die Wertschätzung im Job) bis hin zu subtileren Anhaftungen (bspw. meine Weltanschauung, mein Aussehen, meine Gesundheit). In der Gier nach *äußeren Dingen* und in der *Zukunft* suchen wir Rettung oder Erfüllung vor der Leere in uns selbst. Häufig korreliert dieses unkontrollierbare Verlangen mit der Größe des Egos: Bekomme ich etwas nicht, das ich bzw. mein Ego aber unbedingt haben *will*, bzw. ist eine Situation nicht so, wie ich bzw. mein Ego sie haben *will*, so führt dies zur „Ent-Täuschung". Bekomme ich hingegen das, was ich bzw. mein Ego haben will, so unterliegt dies dem abnehmenden Grenznutzen, der besagt, dass der Wert einer jeden Sache mit zunehmender Anzahl (oder Nutzung) abnimmt. Die Freude über ein neues iPhone, einen neuen Lebenspartner oder über eine Beförderung nimmt im Verlauf der Zeit ab, wenn der neue Zustand zur Gewohnheit wird. Und das, wovon man sicher war, dass es einen wahrhaftig und dauerhaft glücklich machen wird, genügt diesen Ansprüchen bald nicht mehr und muss durch einen neuen Reiz ersetzt werden. Und noch einen neuen Reiz. Und noch einen. Eine unendliche Geschichte. Ohne Happy End.[70] Die folgende Erzählung verdeutlicht die Idee, den Dingen nicht anzuhaften, da sie unbeständig sind:

> *In einem großen Land weit jenseits des Meeres lebte einst ein mächtiger König. In den langen Jahren seiner Regierung verwandelte sich das ehemals arme Land in ein blühendes Reich. In den Straßen der Dörfer und Städte herrschte lebhafte Geschäftigkeit. Zufriedene, gesunde Menschen gingen ihrer Arbeit nach und genos-*

---

[70] In diesem Zusammenhang ist ein Experiment von Wolfram Schultz von der University of Cambridge aus dem Jahre 1997 sehr interessant. Sein Versuchsaufbau war so ausgelegt, dass immer wenn ein Licht aufleuchte, ein Makake einen Hebel drücken sollte und dafür zur Belohnung einen Tropfen Saft erhielt. Solange diese Aufgabe für den Affen noch neu war, erhöhte sich die Dopamin-Konzentration für kurze Zeit unmittelbar nachdem der Affe die Belohnung erhalten hatte und das Glücksgefühl des Affen stieg an. Nach 20, 30 Durchgängen jedoch, wenn die Affen die Aufgabe gelernt hatten, stieg die Dopamin-Konzentration bereits nach dem Aufleuchten des Lichts und nicht mehr nach dem Safttropfen. Die Freude an der Belohnung wurde durch die Erwartung bzw. Vorfreude auf die Belohnung ersetzt. Erhielt der Affe trotz Licht keinen Saft, dann fiel die Dopamin-Konzentration sogar unter das Ausgangsniveau. Ähnlich verhält es sich beim Menschen. Zunächst gibt es Vorfreude auf eine Belohnung wie bspw. neue Schuhe oder das neue iPhone. Wurden diese nun gekauft, hat das Gehirn nichts mehr, worauf es sich freuen kann. Die Schuhe sind nun doch nicht mehr so toll und das iPhone ist letztlich auch nicht so außergewöhnlich. Eine schleichende Gleichgültigkeit entsteht und für ein erneutes Glücksgefühl durch eine erneut erhöhte Dopamin-Konzentration bedarf es eines neuen Reizes in Form von Vorfreude. Das nächste Paar Schuhe muss her. Diese zugegebenermaßen vereinfachte Kausalkette zeigt auf, wie die biologische Grundausstattung des Menschen, der von der Natur mit diesem Mechanismus für evolutionsförderliches Verhalten belohnt wird, in heutigen Zeiten ein Eigenleben entwickelt hat, das zu übersteigerter Gier bis hin zu unkontrollierten Süchten führen kann.

sen ihr Leben. Die Städte und Häuser strahlten Geborgenheit aus und ihre üppigen Gärten waren voller Früchte und großer Bäume, in deren Schatten die Menschen ruhten und ihre Feste feierten. Und so kam es, dass man den König mehr und mehr als einen großen Herrscher und weisen Führer verehrte. Aber der König selbst wurde immer unzufriedener. Voller Unruhe erledigte er jetzt seine Pflichten und immer öfter schweiften seine Gedanken ab oder er verirrte sich im Labyrinth seiner Gefühle. Er schwankte zwischen zufriedener Geschäftigkeit und verzweifelter Sorge um die Zukunft, ohne dass er hätte sagen können, was diese widersprüchlichen Gefühle auslöste. All seine Macht konnte nicht verhindern, dass er seinen Gefühlsschwankungen hilflos ausgesetzt war. Er begann sich vor Krankheit und Einsamkeit zu fürchten und Gedanken an den Tod ließen ihn nachts nicht mehr schlafen. Und war er an manchen Tagen glücklich und von einer Aufgabe erfüllt, dauerte es nicht lange und seine Gefühle schlugen wieder um. Er hatte einfach keine Kontrolle über sie. Schließlich rief er die weisesten Männer und Frauen seines Landes zusammen. „Hört," sagte er, „ich suche nach einer Medizin, die mich an die Lebenslust erinnert, wenn ich traurig bin und die Welt ohne Glanz und Musik ist. Und gleichzeitig soll sie bewirken, dass ich mich an Vergänglichkeit und Tod erinnere, wenn das Leben am schönsten ist. Ich will nicht mehr länger Spielball meiner Gefühle sein. Findet den Schlüssel, der mich gelassen und ruhig macht." Die Weisen berieten sich viele Tage und Nächte, doch sie fanden kein Mittel, keine Arznei, keine Weisheit, die dem Wunsch des Königs gerecht werden konnte. Schließlich schickten sie einen Boten zu einem heiligen Einsiedler in die Berge. Wer wenn nicht er, konnte vielleicht doch noch eine Lösung finden. Einige Tage später kehrte der Bote zurück. Er übergab dem König einen schlichten, einfachen Ring mit einem großen Glasstein in der Mitte. Der Weise ließ dem König ausrichten: „Unter diesem Glasstein liegt die Antwort verborgen; doch widerstehe der Versuchung, sie jetzt schon lesen zu wollen. Du

darfst erst dann unter den Stein schauen, wenn alles ver-
loren scheint und Du absolut keinen Ausweg mehr
weißt. Erst wenn Deine Verwirrung total ist, Dein
Schmerz und Deine Verzweiflung unerträglich und Du
selbst völlig hilflos bist, dann öffne den Ring. Erst dann,
und nur dann, wirst Du verstehen." Und so seltsam es
jedermann erschien, der König gab sich damit zufrieden
und hielt sich trotz seiner Neugierde und obwohl er sich
oft verzweifelt fühlte, an die Anweisung des Einsiedlers.
Manchmal glaubte er, nun sei der Augenblick gekom-
men, der die Bedingungen des Weisen erfüllte, doch ir-
gendwie fand er jedes Mal einen Ausweg und die Bot-
schaft des Weisen blieb unter dem Schmuckstein verbor-
gen.

Eines Tages brach ein schon lange schwelender Streit
mit einem mächtigen Nachbarland offen aus. Der An-
griff kam so überraschend, dass jede Verteidigung
zwecklos schien und so flüchtete der König mit seiner Fa-
milie, ohne etwas retten zu können. Von nun an waren
sie Verfolgte. Oft gerieten sie in aussichtlose Situationen
und oft, sehr oft, glaubte der König unter den Stein an
seinem Finger schauen zu müssen. Aber dann ließ er es
doch bleiben. Die Strapazen der Flucht zwangen ihn
seine Familie zurück zu lassen. Hunger und Krankheiten
wurden zu ihren ständigen Begleitern und rafften die
meisten Soldaten dahin. Die Lage wurde immer aus-
sichtsloser. Schließlich flüchteten die letzten Getreuen
mit dem König in die Berge. Sie schleppten sich nur noch
mühsam vorwärts, als sie plötzlich das Triumphgeheul
ihrer Feinde direkt hinter sich hörten. Mit letzter Kraft
kletterte der König über einen Steilhang und zwängte
sich in eine enge Schlucht. Fast glaubte er den heißen
Atem seiner Feinde im Nacken zu spüren. Seine Angst
wurde unerträglich. Und dann stand er plötzlich am
Rande eines tiefen Abgrundes. Vor ihm bodenlose Tiefe,
rechts und links steile Felswände und hinter ihm der
Feind. Jetzt war der Augenblick gekommen. Dies war
das Ende; er hatte absolut keine Wahl mehr. Verzweifelt

klappte er den Ring auf und las: „Auch das geht vorbei!"
Kaum hatte er die Botschaft gelesen, wurde er plötzlich
ganz ruhig. Aufmerksam sah er sich um und entdeckte
einen schmalen Spalt im Felsen. Einen Augenblick später
hatte er sich in den Spalt gezwängt. Keinen Moment zu
früh, denn schon stoben seine Verfolger heran. Ange-
sichts der steilen Wände und der tiefen Schlucht vor
ihnen, entschieden sie, dass der König wohl in den Ab-
grund gesprungen sein musste und endgültig besiegt
war. Unter wildem Freudengeschrei galoppierten sie da-
von. Der König aber machte sich auf den Weg, sein zer-
sprengtes Heer und seine zerstreuten Anhänger wieder
um sich zu sammeln. Und das Glück war auf seiner Seite.
In einem nächtlichen Überraschungsangriff eroberte er
sein Land zurück und zog unter dem Jubel seines Volkes
wieder in den Palast ein.

Ausgelassen feierten die Leute seine Rückkehr. Durch die
Straßen zogen tanzende, fahnenschwingende Men-
schen. Sie sangen Loblieder auf ihren König und brann-
ten ihm zu Ehren riesige Feuerwerke ab. Überglücklich
beobachtete der König sein feierndes Volk. Sein Herz
schien vor Glück und Freude fast zu zerspringen. Da fiel
sein Blick auf den Ring. „Auch das geht vorbei!" dachte
er. Und augenblicklich fühlte er eine tiefe Ruhe in sich
aufsteigen. Und während seine Augen zu den fernen
Bergen schweiften, überzog ein nachdenkliches Lächeln
sein Gesicht.

Es ist wichtig anzumerken, dass aus den Ausführungen zur Anhaftung nicht der Fehlschluss gezogen werden sollte, dass der
Mensch keine Bedürfnisse, Wünsche und Träume haben darf
und auch nicht, dass er sich nicht mehr über Dinge freuen sollte.
Im Gegenteil, wie ich es bereits zuvor ausgeführt habe, halte ich
die Vergabe von Bedeutung und das Erfahren der Konsequenzen durch Emotionen sogar für den Sinn des Lebens. Es geht
schlichtweg darum, dass die Bedürfnisse, Wünsche und Träume
nicht in Begierde und unkontrolliertes Verlangen mutieren,

denn dieses entspricht der Anhaftung des Egos und ist mit Leid besetzt, wenn sich die Situation verändert. Und das tut sie. Immer und immer wieder. Etwas zu wollen ohne daran zu hängen, einen Mittelweg zu finden zwischen Entsagung und Exzess, das scheint mir hierfür der plausibelste Ansatz zu sein.

(3) **Ablehnung**: Die destruktive Seite der Begierde bzw. die Folge der Anhaftung, die sich bspw. in Form von Eifersucht (Anhaftung an Partner), Hass (Anhaftung an Weltanschauung) oder Rachsucht (Anhaftung an Ego) äußert.

Ich halte es für wahr, dass jeder Mensch von Natur aus in unterschiedlichem Ausmaß mit diesen drei Geistesgiften ausgestattet ist. Jedes Mal, wenn der Mensch (bewusst oder unbewusst) einen Willen äußert und die Situation eine Befriedigung des Willens nicht zulässt, entsteht subjektiv wahrgenommenes Leid. Bspw. wenn ich auf jemanden warte, ungeduldig werde und nicht mehr warten *will*. Das ungeduldige Warten bedeutet nichts anderes, als dass ich die Gegenwart ablehne. Ich will das, was ich im Augenblick nicht habe, nämlich die (angenehmere) Zukunft, wenn der andere endlich da ist, und kette an diese Zukunft meine Vorstellung vom Glück. Oder wenn ein Autofahrer direkt vor mir zu langsam fährt, ich schneller fahren *will* und ihn daher lautstark verfluche. Auch wenn ich einen Partner habe und er mich nicht so glücklich macht, wie ich es *will* oder ich am Anfang der Woche das Wochenende herbeisehne und es am liebsten sofort haben *will*.

Das gleiche Muster tritt auch auf, wenn ich mich beklage oder über andere tratsche. In beiden Fällen stärke ich mein Ego. Beim Beklagen dadurch, dass ich glaube Recht zu haben und mich als Opfer sehe. Bspw. schimpfe ich über „die da oben" und über ihre Verantwortung an meiner (schlimmen) Situation. Dieses Gefühl Recht zu haben, versetzt mich dann in eine moralische Überlegenheit gegenüber anderen Menschen oder der Situation. Mein Ego suhlt sich daher in dieser Opferrolle und bestärkt sie, indem es die Schuld (nur) bei anderen sucht und keine Verantwortung übernehmen muss. Beim Klatschen und Tratschen stärkt sich das Ego dadurch, dass es sich über den anderen Menschen erhebt, da es über einen Informationsvorsprung verfügt. Kommt mir bspw. eine Neuigkeit zu Ohren, so verschafft es mir Befriedigung, einer der ersten zu sein, der diese Nachricht verbreitet. Das Phänomen kann man sehr gut bei Facebook beobachten, wo seit einigen Jahren mit Bekanntgabe des Todes eines Prominenten ein wahrer Run um die Frage entsteht, wer diese Nachricht als erstes postet (und die meisten Likes erhält). Ein ähnlicher Effekt der subjektiven Überlegenheit lässt sich bspw. auch bei der Fußball-WM beobachten, wenn wieder Tausende von Menschen die Entscheidungen des Bundestrainers kritisieren. Diese Kritik führt dazu, dass sie sich in diesem Moment kompetent(er) fühlen und damit ihr Ego füttern – zumindest dann, wenn sie diese Kritik nicht im Spaß, sondern im völligen Ernst und aus inbrünstiger Überzeugung äußern und sich (leidvoll) aufregen, dass nicht auf sie gehört wird. Das Gefühl der Überlegenheit ist in diesem Fall nicht durch den *Informations*vorsprung, sondern durch den vermeintlichen *Kompetenz*vorsprung gespeist. Und selbst derjenige, der bereit ist, Opfer für andere zu bringen, bspw. in Form von Zeit, Aufmerksamkeit oder Energie, läuft Gefahr, dass sich diese Opferbereitschaft mit einer egoistischen Sichtweise als „Opfernder" verknüpft, die das Ego aufbläst und spätestens dann für Probleme sorgt, wenn vom Beschenkten für das Opfer irgendeine Form von Dank *erwartet* wird.

Die Ausführungen dieses Kapitels haben den SPIELER in das SPIELFELD eingebettet und den Körper mit dem Materiellen, den Geist mit dem Geistigen sowie die Seele mit dem Lebendigen in Verbindung gebracht. Gleichwohl sich die Menschen in den Aspekten Körper, Geist und Seele durchaus ähneln, wenn nicht sogar identisch sind, gibt es aufgrund der unterschiedlichen Ausprägung der drei Geistesgifte durch Gene, Sozialisation und Situation auch unterschiedliche Entwicklungsstadien, mit denen das SPIEL DES LEBENS gespielt wird. Es ist daher nun an der Zeit, sich der KUNST DES SPIELENS selbst zu widmen, mit welcher der SPIELER sein SPIEL DES LEBENS gestalten kann.

KAPITEL VII – DAS SPIELEN

Das SPIELEN ist als eine Handlung streng genommen kein Bestandteil des SPIELS, gehört aber dennoch zum Grundgedanken dazu, da das SPIEL letztendlich für das SPIELEN konzipiert wurde. Gäbe es das SPIELEN als Handlung nicht, so hätte das SPIEL an sich gar keinen Zweck und seine Bezeichnung als SPIEL auch keine Bedeutung. Erst durch das SPIELEN erfüllt das SPIEL DES LEBENS seine finale Bestimmung. Demzufolge umfasst das SPIELEN alle vom SPIELER ausgehenden Impulse und Aspekte, die unter Berücksichtigung von SPIELFELD und SPIELREGELN zwecks Erreichung des SPIELZIELS angestrebt werden. Gerade letzteres steht besonders im Vordergrund: Je nachdem wie ich mein SPIELZIEL definiere, d.h. welchen Dingen ich Sinn und Bedeutung verleihe, wird sich dies auf die KUNST DES SPIELENS auswirken. Es ist also weder möglich, noch zielführend, eine KUNST DES SPIELENS zu beschreiben, die eine SPIELZIEL übergreifende Gültigkeit für jedermann besitzt oder beansprucht. Die nachfolgenden Ausführungen werden daher auch nur mit Blick auf mein eigenes SPIELZIEL herausgearbeitet. Diejenigen Leser jedoch, deren SPIELZIELE sich mit den meinen überschneiden, können ebenfalls einen Nutzen daraus ziehen.

Je nach SPIELZIEL lassen sich aus der Fülle an Tugenden, Verhaltensregeln und Lebensweisheiten die unterschiedlichsten Ansätze identifizieren. Seien es die Fünf Großen Gelübde des Jainismus und ähnlich auch des Hinduismus,[71] die Zehn Gebote des Moses,[72] die Fünf Konstanten des

---

[71] Die Fünf Großen Gelübde sind: 1. Ahimsa (Ablassen von Töten und Verletzen von Lebewesen), 2. Satya (Verzicht auf nicht wahrheitsgemäße Rede), 3. Asteya (sich nicht an fremdem Eigentum vergreifen), 4. Brahma (keine unkeuschen Beziehungen eingehen), 5. Aparigraha (nur lebensnotwendige Güter besitzen). Diese Gelübde gelten allerdings nur für Mönche und Nonnen.

[72] Die Zehn Gebote sind: 1. Du sollst keine anderen Götter neben mir haben, 2. Du sollst Dir kein Götzenbild machen, 3. Du sollst den Namen des Herrn, Deines Gottes, nicht missbrauchen, 4. Beachte den Sabbat, um ihn heilig zu halten, 5. Ehre Vater und Mutter, 6. Du sollst nicht töten, 7. Du sollst nicht unkeusch leben, 8. Du sollst nicht stehlen, 9. Du sollst Deinen Nachbarn nicht verleumden, 10. Du sollst weder Deines Nachbarn Haus begehren, noch sein Weib, noch irgendetwas, was ihm gehört.

Konfuzius[73] oder die Fünf Säulen des Islam[74]. Auch der Achtgliedrige Pfad des Yoga[75] sowie die unterschiedlichen Denkschulen der griechischen Philosophen[76] haben verschiedene Lebens- und Verhaltensregeln aufgestellt, die in Abhängigkeit des individuell ausgewählten Lebenszweckes (SPIELZIEL) ihre Bedeutung erhalten und ihren Mehrwert entfalten. Dabei lassen sich grundsätzlich solche Ansätze unterscheiden, die einen reinen *Regelkatalog* aufstellen bzw. empfehlen und solche, die eine (systematische) *Entwicklung* des Anhängers anstreben bzw. annehmen. Für den Philosophen Søren Kierkegaard gab es bspw. drei Stadien der menschlichen Existenz: das ästhetische, das ethische und das religiöse Stadium.[77] Im tibetischen Buddhismus gibt es den Stufenweg der Erleuchtung (Lamrim), der sich nach den Fähigkeiten des Anhängers

---

[73] Die Fünf Konstanten sind: 1. Menschlichkeit/ Nächstenliebe, 2. Rechtschaffenheit/ Gerechtigkeit, 3. Sittlichkeit, 4. Weisheit, 5. Aufrichtigkeit.

[74] Die fünf Säulen sind: 1. Schahāda (islamisches Glaubensbekenntnis), 2. Salāt (Pflichtgebet), 3. Zakāt (Almosengabe), 4. Saum (Fasten im Ramadan), 5. Haddsch (Pilgerfahrt nach Mekka).

[75] Die acht Glieder sind: 1. Yamas (Umgang mit der Umwelt), 2. Niyamas (Umgang mit sich selbst), 3. Āsanas (Umgang mit dem Körper), 4. Prānāyāma (Umgang mit dem Atem), 5. Pratayāhāra (Umgang mit den Sinnen), 6. Dhāranā (Konzentration), 7. Dhyāna (Meditation), 8. Samādhi (innere Freiheit).

[76] Bspw. die vier großen Philosophenschulen der Antike. Dazu gehören die Akademie (Platon), der Peripatos (Aristoteles), die Stoa (Zenon) und der Kepos (Epikur). Alle Schulen sind nach den Orten oder den Gebäuden benannt, wo in der ersten Zeit nach ihrer Gründung unterrichtet wurde, und sie alle haben eine eigene Ethik gelehrt.

[77] Im *ästhetischen* Stadium verhält sich der Mensch bloß anschauend und genießend, nicht tätig, nicht verantwortlich. Im *ethischen* Stadium ergreift der Mensch die Möglichkeiten, die sich ihm bieten. Durch seine Entscheidungen vollzieht sich seine Freiheit. Nur wer den Mut hat, sich zu entscheiden, gelangt zur Wirklichkeit und gewinnt Dasein. Im *religiösen* Stadium erkennt der Mensch dann allerdings, dass auch ethische Entscheidungen nichts an seiner eigenen Endlichkeit und Nichtigkeit ändern würden. Aus der äußersten Verzweiflung darüber könne der Mensch nur dann einen Ausweg finden, wenn sich ihm, ohne dass er selbst etwas dazu tun kann, eine neue Möglichkeit eröffne. Er akzeptiert sein Gesetzt-Sein von Gott und seine Existenz vor Gott. Er begreift sich als ein Selbst, dem nur von Gott als dem Unendlichen Existenz zukommt.

ausrichtet.[78] Und bei mystischen Orden wie bspw. den Rosenkreuzern gibt es verschiedene Initiationsgrade, die sukzessive durchlaufen werden müssen.[79]

Traditionell fällt die Auseinandersetzung mit dieser Thematik zum großen Teil in den Bereich der Ethik. Dieser Teilbereich der Praktischen Philosophie untersucht die Voraussetzungen und die Bewertungen des menschlichen Handelns. Interessanterweise gibt es – zumindest auf der sprachlichen Ebene – nicht selten auch Ähnlichkeiten zwischen den verschiedenen Ansätzen. Bspw. ist das Gebot „Du sollst nicht töten" in zahlreichen Philosophien und Religionen durchaus ähnlich formuliert. Ob damit aber wie beim Jainismus *alle Lebewesen*, d.h. Menschen, Tiere und auch Pflanzen gemeint sind,[80] oder wie in der christlichen und muslimischen Auslegung *alle Menschen* (solange sie nicht Ketzer oder

---

[78] Für Personen *geringster* Befähigung werden z.B. Lehren zum kostbaren Menschenleben, Tod und Vergänglichkeit sowie Zuflucht und Karma vergeben. Dadurch wendet sich der Geist dieser Personen den Lehren zu und überwindet die Anhaftung an dieses Leben. Durch gutes Karma, d.h. dem Vollführen guter Handlungen und dem Unterlassen schädlicher soll eine gute menschliche Wiedergeburt erreicht werden. Personen *mittlerer* Befähigung hingegen erhalten weiterführende Lehren z.B. über die Nachteile der zyklischen Wiedergeburt und das wechselseitig bedingte Entstehen sowie über Ethik, Konzentration und Weisheit. Dadurch soll Abscheu gegenüber dem ewigen Kreislauf der Wiedergeburten (Samsara) und die Abkehr von seinen vergänglichen Vergnügungen entwickelt sowie die Ursachen zur Erlangung der Befreiung (Nirwana) geschaffen werden. Personen *höchster* Befähigung erhalten Lehren, wie sie den Erleuchtungsgeist (Bodhicitta) entwickeln und üben, um so den Weg eines Bodhisattvas zur vollen Erleuchtung (Buddhaschaft) zu gehen – zum Wohle aller Lebewesen.

[79] Beim Rosenkreuzerorden AMORC gibt es bspw. drei einführende Grade, acht Tempelgrade und drei Oberen-Grade, die der Studierende auf dem Weg zur Erleuchtung durchschreiten muss. Mit dem Studium der Lehren, die sich ihm dadurch Stück für Stück erschließen, vollzieht sich eine Entwicklung, die das Bewusstsein des Menschen in seiner Gänze mit einbezieht.

[80] Beim Gehen fegen Jain-Mönche mit einem Besen vor sich her, um nicht versehentlich auf Insekten zu treten. Zudem tragen sie Tücher vor dem Mund, um das Einatmen von Kleinstlebewesen zu verhindern. Fraglich ist, ob beim Waschen eines Salates oder gar nur der Hände nicht auch zahlreiche Kleinstlebewesen vernichtet werden? Wie bereits im Kapitel SPIELFELD ausgeführt wurde, ist das Ziehen der

---

Feinde der Religion sind), deutet den Interpretationsspielraum bereits an. Auch die verschiedenen Haltungen zur Notwehr verkomplizieren dieses Gebot und weisen auf eines der Grundprobleme der Ethik hin: Steht die *Handlung* im Mittelpunkt, d.h. in diesem Fall das unbedingte Befolgen von *Geboten* (Pflichtenethik), wie bspw. nicht zu töten oder steht das *Ziel* im Fokus, d.h. das Erreichen eines „höheren" Gutes (Utilitarismus)?[81] Diese Frage lässt sich nicht eindeutig beantworten. Persönlich würde ich die entsprechende Ethik stets einzelfallabhängig und situationsspezifisch auswählen. Ebenfalls interessant ist die dritte große Strömung in der Ethik, nämlich die Tugendethik.[82] Sie legt ihren Fokus

---

Grenze zwischen Belebten und Unbelebten recht schwer. Irgendwo muss man sie für sich persönlich ziehen. Dann aber ist es reine Willkür, ab wann ich ein Leben aufgrund meiner Möglichkeiten als schützenswert erachte, und wenn ich bei Kleinstlebewesen ansetze, bin ich de facto in jeder Sekunde ein Mörder und Zerstörer.

[81] Ein Gedankenexperiment des Philosophen Hans Welzel verdeutlicht die Problematik dieser beiden unterschiedlichen Positionen: Ein unbemannter Zug ist außer Kontrolle geraten und droht, fünf Bauarbeiter zu überrollen, die auf den Gleisen arbeiten und den Zug weder hören noch sehen. Durch Umstellen einer Weiche kann der Zug auf ein anderes Gleis umgeleitet werden. Allerdings befindet sich dort eine weitere Person. Darf (durch Umlegen der Weiche) der Tod einer Person in Kauf genommen werden, um das Leben von fünf Personen zu retten? Ein Vertreter der Pflichtenethik würde den Tod eines Menschen kategorisch nicht verursachen wollen. Egal was die Konsequenz wäre. Ein Vertreter einer utilitaristischen Position hingegen würde durch das Umstellen der Weiche die fünf Leben auf Kosten des einen retten, da in der Summe weniger schlechte Konsequenzen auftreten. Was aber wäre, wenn es sich bei dieser einen Person um die eigene Mutter handelt? Oder wenn die fünf Bauarbeiter nur dann gerettet werden können, wenn anstelle des Umstellens der Weiche ein unbeteiligter Passant auf die Gleise geschubst werden müsste? Oftmals fällt die Antwort dann anders aus. Doch warum sind das Umstellen der Weiche und das Schubsen des Mannes unterschiedlich zu bewerten, wo doch in beiden Fällen eine Person stirbt und fünf gerettet werden?

[82] Tugend ist nach Aristoteles eine erworbene Fähigkeit bzw. innere Haltung, die zu guten Entscheidungen führt und durch die Vernunft bestimmt wird. Dabei schlägt Aristoteles das Mittlere zwischen zwei Extremen vor, z. B. Tapferkeit als mittlere Position zwischen Feigheit und Tollkühnheit, oder Großzügigkeit als mittlere Position zwischen Verschwendung und Geiz.

weniger auf die Handlungen und die Ziele, sondern stärker auf die *Person*. Eine Kurzformel, welche die drei Ethiktypen voneinander unterscheidet, lautet wie folgt: Sittlich richtig handeln bedeutet nach der Tugendethik *tugendhaft*, nach der Pflichtenethik *pflichtgemäß* und nach dem Utilitarismus *nutzenmaximierend* handeln.

Auch der Buddha hat mit dem Achtfachen Pfad ein System entwickelt, das sich je nach Schule tendenziell eher dem Utilitarismus (bspw. das Ziel der Erleuchtung aller Lebewesen im Mahayana-Buddhismus) oder der Pflichtenethik (bspw. das strikte Befolgen der fünf Silas im Theravada-Buddhismus) zuordnen lässt. Doch auch die Tugendethik findet sich dort wieder, bspw. der mitfühlende Erleuchtungsgeist (Bodhicitta), den es im Mahayana-Buddhismus zu kultivieren gilt. Traditionell werden die einzelnen Glieder des Achtfachen Pfades in drei Kategorien zusammengefasst:

❖ **Weisheit (Prajñā)**: Diese Kategorie beinhaltet diejenigen Glieder, die rein geistiger Natur sind und sich auf Wissen, Wahrheit und Weisheit beziehen. Dazu gehören:

  o **Rechte Einsicht**: Welches Wissen besitze ich bzgl. des Kosmos (SPIELFELD), der Gesetzmäßigkeiten (SPIELREGELN) und des Menschen (SPIELER)? Erkenne ich die „wahre" Natur der Dinge oder hänge ich „falschen", aber liebgewonnenen Ansichten und Vorstellungen an, die für mich und für andere womöglich sogar schädlich sind?

  o **Rechte Gesinnung**: Wie ändert sich meine Haltung aufgrund des Wissens, das ich durch die Rechte Einsicht gewonnen habe? Wie ist die Absicht hinter meinen Taten? Gut oder schlecht? Kann und möchte ich mich gegen die drei Geistesgifte wehren? An dieser Stelle lässt sich auch eine schöne Lebensweisheit aus dem jüdischen Talmud heranziehen: „Achte auf Deine Gedanken, denn sie werden Worte. Achte auf Deine Worte, denn sie werden Handlungen. Achte auf Deine Handlungen, denn sie werden Gewohnheiten. Achte auf Deine Gewohnheiten, denn sie werden Dein Charakter. Achte auf Deinen Charakter, denn er wird Dein Schicksal."

❖ **Ethik (Sīla)**: Diese Kategorie umfasst all jene Glieder des Achtfachen Pfades, die sich auf Handlungen beziehen und die Mitmenschen miteinschließt. Dazu gehören:

o **Rechte Rede**: Vermeide ich Lügen, Verleugnungen, Beleidigungen und sinnloses Geschwätz? Insbesondere zu letzterem hat Eleanor Roosevelt eine treffende Aussage formuliert: „Great minds discuss ideas; average minds discuss events; small minds discuss people."

o **Rechtes Handeln**: Achte ich darauf, dass ich nicht töte, nicht stehle und mich nicht zu sehr in sinnlichen Ausschweifungen verliere? Wie oben bereits ausgeführt, geht es hierbei nicht darum, diese Handlungen auf keinen Fall auszuführen, denn manchmal, bspw. bei Notwehr, hat m.E. auch das Töten eine gewisse Berechtigung. Es kommt in diesem Fall jedoch darauf an, mit welcher Absicht die Handlungen ausgeführt wurden und ob sie wirklich zwingend notwendig waren.

o **Rechter Lebenserwerb**: Übe ich einen Beruf aus, der anderen Lebewesen nicht schadet? In der traditionellen buddhistischen Überlieferung sind das der Handel mit Waffen, Lebewesen, Fleisch, Rauschmitteln sowie Giften. Hier gilt es, für sich eine zeitgemäße Adaption zu finden und zu berherzigen.

❖ **Sammlung (Samādhi):** In dieser dritten und letzten Kategorie sind jene Glieder enthalten, die der individuellen Geistesschulung dienen. Dazu gehören:

- ○ **Rechtes Streben:** Habe ich den Willen, die Reaktion auf meine Gefühle zu beherrschen und mich von Begierde, Zorn, Hass etc. nicht übermannen zu lassen?

- ○ **Rechte Achtsamkeit:** Bin ich mir meines Körpers, meiner Gefühle und meiner Gedanken bewusst? Bin ich im Hier und Jetzt?[83]

- ○ **Rechte Sammlung:** Gelingt es mir, durch Meditation meinen unruhigen und abschweifenden Geist zu kontrollieren? Der Buddhismus kennt je nach Schule verschiedene Formen der Meditation. Wenn der Meditierende mit ihrer Hilfe seinen Geist transformieren möchte, so spricht man in diesem Zusammenhang von der Metta-Meditation. So wie eine Mutter ihr Kind liebt, soll diese Haltung der liebevollen Güte auf alle Lebewesen ausgedehnt werden. Falls der Meditierende jedoch auf Erkenntnisse und Erfahrungen aus ist, so empfiehlt sich die Vipassanā-Meditation. Sie ermöglicht dem Meditierenden ein tieferes Verständnis für die SPIELREGELN. Geht es ihm jedoch in erster Linie um

---

[83] In den letzten Jahren hat die Idee der Achtsamkeit in säkularisierter Form im Westen an Popularität gewonnen. Nicht zuletzt durch den Erfolg von therapeutischen Ansätzen wie bspw. Mindfulness Based Stress Reduction (MBSR) oder Mindfulness Based Cognitive Therapy (MBCT). Während diese Entwicklung innerhalb der buddhistischen Traditionen aufgrund des säkularen und damit „leeren" Charakters durchaus auch kritisch betrachtet wird, sehe ich dies eher als Chance, die wissenschaftlich erwiesenen medizinischen Vorteile der Achtsamkeit, insbesondere durch regelmäßige Meditation, einem breiten Publikum zugänglich zu machen. Im Idealfall weckt dies sogar das Interesse, sich auch mit der dahinterliegenden Philosophie kritisch auseinander zu setzen.

ein friedvolles Verweilen, dann ist dafür die Samatha-Meditation der geeignete Weg. Sie schult und stabilisiert die Konzentrationsfähigkeit des Geistes.

Die Reihenfolge der einzelnen Glieder stellt keine Hierarchie der Bedeutung dar. Die Rechte Einsicht hängt bspw. auch von regelmäßiger Meditation ab, die wiederum auch Einsichten in die SPIELREGELN (Vipassanā-Meditation) ermöglicht. Es soll also nicht der Eindruck entstehen, dass der Achtfache Pfad sukzessive „abgearbeitet" werden muss. Alle Glieder haben stets dieselbe Relevanz und sollten parallel berücksichtigt werden.

Da sich die aus der kantschen und aristotelischen Philosophie abgeleiteten drei Kategorien des SPIELZIELS aus Kap. V und die aus dem buddhistischen achtfachen Pfad abgeleiteten drei Kategorien des SPIELENS ähneln, lässt sich folgende Zuordnung herstellen: Die Weisheit (Prajñā) entspricht dem Licht, die Ethik (Sīla) der Liebe und die Sammlung (Samādhi) dem Leben. Für mich als SPIELER sind dies die drei Kategorien, in denen das SPIELEN ausschließlich möglich ist. Im Leben *erlebe* ich (mich selbst) durch das Entscheiden und Erfahren. In der Liebe *bewerte* ich durch die Vergabe von Bedeutung. Und im Licht *erkenne* ich durch Wissen und Verstehen. Alle drei Kategorien hängen auch mit der Idee der (un-)bewussten Entscheidungsfindung zusammen. Ich *entscheide* mich, eine Sache auf eine bestimmte Art zu bewerten (Liebe), ich *entscheide* mich, eine bestimmte Handlung auszuführen und zu erleben (Leben) und ich *entscheide* mich, eine bestimmte Sache zu wissen oder zu glauben (Licht).

In der Regel habe ich nur einen bedingten Einfluss auf die Dinge, die im SPIELFELD und zum Teil auch im SPIELER geschehen. Daher stellt sich die Frage, auf welchen Ebenen des SPIELENS sich die drei Kategorien eigentlich wiederfinden? In welchen Bereichen können vom SPIELER Entscheidungen getroffen werden, die die KUNST DES SPIELENS ausmachen? Hierzu habe ich für mich eine Systematik entwickelt, die ich in die vier Ebenen SPIELFELD, SPIELER, MITSPIELER und SPIELZEIT unterteile und wie folgt definiere:

❖ **SPIELFELD**: Auf dieser Ebene lassen sich die Haltung zu Pflanzen, Tieren und der Natur als solches zusammenfassen. Ich schätze bspw. das Leben und damit auch andere Lebewesen im Allgemeinen als etwas Kostbares und Schützenswertes ein und möchte ihnen kein unnötiges Leid antun. Daraus folgt die Entscheidung, mich zunehmend mehr vegetarisch zu ernähren. Damit reihe ich mich in die Gruppe der **Flexitarier** ein. Nicht, weil Tiere m.E. per se nicht gegessen werden *dürfen*. Schließlich gibt es auch in der Natur Raubtiere, die die Annahme unterstreichen, dass Fleisch essen keine Anomalie, sondern etwas ganz Natürliches darstellt – wenngleich sich daraus für den Menschen auch keine *Pflicht* ableitet, Tiere essen zu *müssen*. Zudem könnte je nach Argumentation, wo die Grenze zwischen Lebewesen zu ziehen sei, auch der Verzehr von Pflanzen unmoralisch sein, denn auch Pflanzen wollen wachsen, sich vermehren, haben eine Form der Kommunikation und einen eigenen Stoffwechsel. [84] Alles Bestandteile der Definition des Lebens, wodurch sich die willkürliche Grenzziehung zwischen Flora und Fauna offenbart. Allerdings ist die moderne Tierhaltung erschreckend: 50 Mio. Küken landen allein in Deutschland jährlich im Schredder und werden zerfetzt, weil sie männlich sind.

---

[84] In den 80er Jahren hat bspw. der Biologe Wouter van Hoven festgestellt, dass sich die Akazien in Südafrika mit Giftstoffen gegen ihre Fressfeinde wehren, indem sie die Konzentration des giftigen Bitterstoffes Tannin in den Blättern innerhalb von Minuten erhöhen und gleichzeitig das farblose Gas Ethylen freisetzen, um quasi per „Luftpost" die umliegenden Bäume vor der Gefahr zu warnen. Die anderen Bäume können dieses Gas „riechen" und ihrerseits mit der Produktion der Giftstoffe beginnen. Ein anderes Beispiel ist die Weitergabe von Informationen zwischen Bäumen mithilfe ihrer Wurzeln – von Wissenschaftlern augenzwinkernd auch „Wood Wide Web" genannt. Auch diese Form der Kommunikation dient u.a. der Warnung vor Gefahren wie z.B. Raupen, Käfern oder Dürren aber auch der Versorgung von Artgenossen (und interessanterweise eher selten artfremden Bäumen) mit Nährstoffen. Teilweise wird dieses unterirdische Wurzelgeflecht durch die Unterstützung von Pilzen aktiv gefördert.

Schweine werden mit Hormonen und Medikamenten vollgepumpt, die sich beim Fleischverzehr auch auf den Stoffwechsel des Menschen auswirken. Und in der Milchviehhaltung werden Kälber früh vom Muttertier getrennt, obwohl dies offensichtlich und nachweislich für Leid sorgt. Zudem wird zur Aufrechterhaltung unseres Fleischkonsums unglaublich viel Wasser benötigt, und durch die immense Anzahl an Rindern – ca. 1,5 Mrd. sind es weltweit – wird umweltschädliches Methangas produziert, das still aber wirkungsvoll seinen traurigen Beitrag zur stetigen Klimaerwärmung leistet.

Nicht aus moralischen, sondern aus *gesundheitlichen*, aus *ökologischen* sowie aus *Tierschutzgründen* schränke ich daher meinen Fleischkonsum ein. Wären diese Gründe nicht gegeben, so bliebe nur noch die moralische Frage übrig, ob ich Tiere grundsätzlich essen *darf*. Gängige Argumente wie der Mensch ist ein Allesfresser, hat dies historisch schon immer getan, ist von Gott dazu ermächtigt, ist den Tieren kulturell, intellektuell und biologisch überlegen oder mag halt einfach den Fleischgeschmack sind für mich nicht plausibel, da der Mensch biologisch betrachtet selbst nur ein Tier ist, ein Gott nicht bewiesen werden kann und wir als selbstreflektierte Allesfresser die Wahl haben, auf Fleisch verzichten zu können. Der Philosoph Richard David Precht hat in diesem Zusammenhang ein interessantes Gedankenexperiment formuliert:

> *Stellen Sie sich vor, eines Tages landen fremde Wesen aus dem All auf unserem Planeten. Wesen wie aus dem Hollywood-Spielfilm Independence Day. Sie sind unglaublich intelligent und dem Menschen weit überlegen. Da nicht immer ein todesmutiger US-Präsident im Kampfflugzeug zur Verfügung steht und diesmal kein verkanntes Genie die außerirdischen Computer mit irdischen Viren lahmlegt, haben die fremden Wesen die Menschheit in kürzester Zeit besiegt und eingesperrt.*

Eine beispiellose Terrorherrschaft beginnt. Die Außerir-dischen benutzen die Menschen zu medizinischen Versu-chen, fertigen Schuhe, Autositze und Lampenschirme aus ihrer Haut, verwerten ihre Haare, Knochen und Zähne. Außerdem essen sie Menschen auf, besonders die Kinder und Babys. Sie schmecken ihnen am besten, denn sie sind so weich, und ihr Fleisch ist so zart. Ein Mensch, den sie gerade für einen medizinischen Versuch aus dem Kerker holen, schreit die fremden Wesen an: „Wie könnt ihr so etwas tun? Seht ihr nicht, dass wir Ge-fühle haben, dass ihr uns wehtut? Wie könnt ihr unsere Kinder wegnehmen, um sie zu töten und zu essen? Seht ihr nicht, wie wir leiden? Merkt ihr denn nicht, wie un-vorstellbar grausam und barbarisch ihr seid? Habt ihr denn überhaupt kein Mitleid und keine Moral?" Die Au-ßerirdischen nicken. „Ja, ja", sagt einer von ihnen. „Es mag schon sein, dass wir ein bisschen grausam sind. Aber seht ihr", fährt er fort, „wir sind euch eben überle-gen. Wir sind intelligenter als ihr und vernünftiger, wir können lauter Dinge, die ihr nicht könnt. Wir sind eine viel höhere Spezies, ein Dasein auf einer anderen Stufe. Und deshalb dürfen wir mit euch machen, was wir wol-len. Verglichen mit uns, ist euer Leben kaum etwas wert. Außerdem, selbst wenn unser Verhalten nicht ganz in Ordnung sein sollte – eines steht trotzdem fest: Ihr schmeckt uns halt so gut."

Wer also die oben genannten gängigen Argumente für seinen Fleischkonsum heranzieht, dürfte ein entsprechendes Handeln der Außerirdischen moralisch nicht kritisieren – auch wenn es ihn selbst oder seine Angehörigen beträfe. Persönlich vertrete ich in diesem Zusammenhang daher auch die Ansicht, dass die Möglichkeit Tiere zu essen, moralisch weder eindeutig erlaubt noch verboten werden kann, sondern schlichtweg die persönli-che Entscheidung eines jeden Menschen bleibt, der die Folgen seiner Entscheidung dann jedoch auch uneingeschränkt akzep-tieren muss.

Des Weiteren ist es für sowohl nützlich als auch gut, der **Natur** insgesamt mit gebührendem Respekt zu begegnen. Als SPIELER betrachte ich mich als Teil der Natur bzw. des SPIELFELDS und stehe nicht außerhalb oder darüber. Zudem steht mit Blick auf die SPIELREGEL zum Prinzip der Abhängigkeit für mich außer Frage, dass jegliche Achtlosigkeit gegenüber Pflanzen, Tiere und Natur irgendwann und irgendwie auch auf mich zurückfallen wird. Sicherlich, mein Beitrag zum Naturschutz ist als einzelner SPIELER insgesamt überschaubar und die Wirkung womöglich unter ferner liefen. Doch halte ich es wie der Kolibri in der folgenden Fabel:

> *Eines Tages brach ein großer Waldbrand aus. Bestürzt und ohnmächtig sahen die Tiere dem Wüten des Feuers zu. Nur der kleine Kolibri flog umher und holte ein paar Tropfen Wasser, die er aus seinem Schnabel auf die Flammen fallen ließ. Nachdem das Gürteltier seinem Treiben einige Zeit zugesehen hatte, rief es ihm zornig zu: „Kolibri! Bist Du verrückt? Mit Deinen paar Tropfen Wasser wirst Du das Feuer niemals löschen!" Der Kolibri sah ihm in die Augen und sagte: „Kann sein. Aber ich tue, was ich kann."*

❖ **SPIELER:** Auf dieser Ebene lassen sich die Bereiche des SPIELERS untergliedern, d.h. Körper, Geist und Seele. Diese Ebene ist daher eng mit meinen persönlichen SPIELZIELEN verwoben und übt einen großen Einfluss auf Selbsterkenntnis sowie Selbstbeherrschung aus.

Selbsterkenntnis vertieft sich durch die regelmäßige und fortdauernde Auseinandersetzung mit sich selbst. Dies geschieht bspw. in Form von Nachdenken und Kontemplation, aber auch durch gute Gespräche mit Freunden sowie nahrhaftem „Brainfood" in Form von Büchern, Dokumentationen und Filmen. Dabei finde ich es nützlich und gut, neben der Lektüre von Sachbüchern und Fachzeitschriften auch Romane zu lesen, um einerseits nicht die Freude am Lesen zu verlieren und andererseits durch Lyrik und Poesie auch andere Saiten des Geistes zum Klingen zu bringen. Auch aus der Beobachtung der Welt und der Mitmenschen lassen sich wertvolle Erkenntnisse über sich selbst ziehen. Die Welt ist ein Spiegel und ich erkenne mich in ihr. Gleichzeitig gilt es solche Aktivitäten zu vermeiden, die der Selbsterkenntnis entgegenstehen und durch Reizüberflutung und Ablenkung die Introspektion verhindern. Dazu gehören bspw. exzessives Fernsehgucken und oberflächliche Gespräche. Die Meditation, insbesondere die Vipassanā-Meditation zur vertieften Einsicht in die SPIELREGELN, aber auch die Samatha-Meditation zur Schulung der Geistesruhe (Konzentration) tragen ebenfalls zur Selbsterkenntnis bei.

Darüber hinaus ist auch der Zugang zum Körper und zur Gefühlswelt eine bereichernde Quelle von Selbsterkenntnissen, bspw. hinsichtlich des Erkennens des „wahren" Willens in bestimmten Situationen. Insbesondere der Intuition als Quelle psychologischer und vielleicht auch spiritueller Erkenntnisse schenke ich eine wachsende Aufmerksamkeit. Prinzipiell können auch Träume einen aufschlussreichen Zugang zur Selbsterkenntnis darstellen. Speziell das sogenannte luzide Träumen, das Erleben eines Klartraums, ist seit einiger Zeit verstärkt in den Fokus der Wissenschaft gerückt.[85] Eher esoterische Ansätze wie Tarot, Astrologie, Channeling etc. haben mich bislang

---

[85] Nach Paul Tholey, dem wohl bedeutendsten deutschen Klartraumforscher, besitzt man während des Traumes völlige Klarheit darüber, dass man träumt und kann sogar den Traum beeinflussen und dort eigene Entscheidungen treffen. Nach derzeitigem Wissensstand geht man davon aus, dass vermutlich jeder Mensch die Fähigkeit besitzt, Klarträume zu erleben und man diese Fähigkeit sowohl lernen als auch üben kann.

nicht wirklich überzeugt, da sie meinen Prüfkriterien in der Regel nicht Stand halten und daher für mich keine nachvollziehbare Basis für Selbsterkenntnis besitzen. Dafür halte ich viel von der Psychonautik, der geistigen Introspektion mithilfe von bewusstseinserweiternden Substanzen.[86] Die Substanzen unterstützen den Prozess der Selbsterkenntnis durch eine besonders

---

[86] Meine persönlichen Erfahrungen mit psychoaktiven Pflanzen wie Magic Mushrooms (Pilze; Wirkstoff Psilocybin), San Pedro (Kakteen; Wirkstoff Meskalin) und Ayahuasca (Lianen; Wirkstoff DMT) waren äußerst inspirierend und erkenntnisreich und zählen zu den intensivsten Momenten in meinem Leben. Gerade das DMT (Dimethyltryptamin) ist eine wahrlich mysteriöse Substanz, die nicht nur in Pflanzen und Tieren vorkommt, sondern auch vom Menschen selbst produziert wird. Der Psychiater Rick Strassmann verortet die Produktion von DMT in der Zirbeldrüse, d.h. also mitten im Gehirn und hinter der Blut-Hirn-Schranke. Eine hohe DMT-Konzentration ist mit sehr spirituellen Erlebnissen verknüpft. Es gibt auch Anzeichen, wonach sowohl der Moment der Geburt als auch der des Sterbens mit einer erhöhten DMT-Konzentration einhergehen sollen. Allerdings befindet sich die Forschung derzeit aufgrund starrer Vorschriften noch immer in den Kinderschuhen. Wenn gemäß des US-Psychologen Timothy Leary Set (Stimmung und Geisteszustand), Setting (Zeitpunkt und Ort) und Substanz (Wirkstoff und Dosis) stimmen, ermöglichen solche „Reisen" einen tiefen Einblick in den eigenen Geist und schaffen Klarheit und ggfs. Heilung von persönlichem Leid. Nicht ohne Grund werden psychoaktive Substanzen seit Jahrtausenden von Schamanen aus aller Welt als Heilmittel für Körper, Geist und Seele eingesetzt. Anders als künstlich erzeugte Substanzen wie Ecstasy, Koks oder Ketamin geht es bei diesen psychoaktiven Substanzen auch nicht um Leistungssteigerung oder Intensivierung der Gefühlswelt, mit dem Ziel, mehr Spaß zu haben. Es geht primär um Heilung und Selbsterkenntnis. Das geläufige Vorurteil, dass es sich dabei um schlimme Drogen handelt, teile ich nicht. Zunächst einmal ist keine Pflanze per se illegal, und wie Paracelsus bereits sagte: „Alles Ding ist ein Gift. Allein die Dosis macht, dass ein Ding kein Gift ist." Zucker, Koffein, Glutamat, Alkohol oder Nikotin können den Körper je nach Menge nachhaltig schädigen – und sind hierzulande fast ohne Einschränkungen erlaubt. Während Alkohol und Nikotin sogar starke körperliche und psychische Abhängigkeit verursachen, kann dies bspw. bei den oben genannten psychoaktiven Substanzen kaum oder nur in einem äußerst geringen Umfang auftreten und letztlich auch nur dann, wenn sie missbräuchlich, d.h. zum Spaß und in rauen Mengen eingesetzt werden. Auf der anderen Seite gibt es „legale" Arzneimittel, die massive körperliche und psychische Abhängigkeiten verursachen können wie bspw. Benzodiazepine, die in der Psychiatrie zur Behand-

tiefe Form der Selbsterfahrung. Analog zu Frank Camerons Gedankenexperiment mit Mary in ihrem schwarz-weißen Zimmer, die trotz theoretischer Allwissenheit durch das erstmalige Sehen der Farbe etwas Neues erlebt und lernt, ermöglichen es die psychonautischen Reisen, bereits intellektuell erfasste Erkenntnisse in ihrer Tiefe zu verstehen und im Geist zu verankern. Aus Wissen wird Weisheit. Weitere Zugänge zur Selbsterkenntnis und insbesondere auch zur Selbsterfahrung sind bspw. Trance-Zustände durch spezielle Atemtechniken (z.B. holotropes Atmen nach Stanislav Grof) sowie durch Musik und Tanz (z.B. der Tanz der Derwische bei den Sufis, den muslimischen Mystikern). Auch durch Gerüche, Farben und Hypnose können unbewusste Kanäle zur Selbsterkenntnis geöffnet werden.

Selbstbeherrschung lässt sich insbesondere durch **Achtsamkeit** erreichen. Diese praktiziere ich, indem ich tagtäglich übe, dem Leben und seinen mannigfaltigen, unvorhersehbaren Situationen weitestgehend gleichmütig gegenüber zu stehen und mir meiner Gefühlswelt und meines Entscheidungsspielraumes bewusst zu bleiben. Ich stelle mir so oft wie möglich vor, dass ein kleiner Beobachter auf meiner Schulter sitzt, der permanent

---

lung von Angst- und Unruhezuständen und als Ein- und Durchschlafmittel legal eingesetzt werden. Zu glauben, dass nur, weil bestimmte Substanzen hierzulande verboten sind (in anderen Ländern jedoch nicht), sie deswegen auch schlecht seien müssen, ist genauso irrtümlich wie die Annahme, dass Zigaretten gut sein müssen, nur weil sie hierzulande erlaubt sind. Bspw. wurde die künstlich von Albert Hofmann hergestellte Substanz LSD jahrelang und mit empirischer Evidenz erfolgreich auch in der Psychotherapie eingesetzt, bis sie dann unter fragwürdigen Umständen als „nicht verkehrsfähig" und damit als illegal eingestuft wurde. Mittlerweile gibt es wieder zunehmend mehr Studien, die die positive psychotherapeutische Wirkung speziell bei Depressionen belegen. Der Ethnobiologe Christian Rätsch bringt es m.E. auf den Punkt: „Ob einer Drogen konsumieren möchte oder nicht, muss seine freie Entscheidung sein. Ich glaube an das Recht auf Rausch. Allerdings braucht es Regeln. Man soll psychoaktive Substanzen nicht verbieten, aber es braucht einen Verbraucherschutz."

meine Gedanken und meine Gefühle überwacht. Spüre ich aufgrund einer Situation das Aufkommen einer Emotion, so lasse ich ihr Raum und fühle sie, ohne unter ihr zu leiden. Ich verdränge sie nicht. Aber ich identifiziere mich auch nicht mit ihr. Und ich lasse mich von ihr auch nicht beherrschen oder verleiten, sondern bleibe selbstbestimmt.

Darüber hinaus halte ich eine geistige und körperliche „Hygiene" für nützlich. Die **geistige Hygiene** lässt sich durch regelmäßige Meditation realisieren aber auch durch genügend Zeit für mich selbst, in der ich ungezwungen ich sein kann und mich selbst als Individuum erfahre. Auch der ästhetische Genuss bspw. durch Musik und Räucherstäbchen trägt zum Wohlbefinden bei.[87] Zur **körperlichen Hygiene** gehören vor allem gesunde Ernährung und ausreichend viel Bewegung. In den letzten Jahren haben hierzulande meditative bzw. energetische Bewegungsabläufe wie bspw. Qi Gong, Tai Chi oder Yoga an Bedeutung gewonnen. Inwiefern die Übungen tatsächlich dabei helfen, Chakren zu aktivieren bzw. das Chi fließen zu lassen, ist empirisch nicht belegt. Doch selbst wenn es nur Placebo sein sollte, zeugen mehrere Erfahrungsberichte von einem positiven Effekt

---

[87] Ohnehin ist die Wissenschaft zur Ästhetik ein sehr spannendes Feld. Warum mag ich die Dinge, die ich mag? Sicherlich, einige der Dinge, die ich mag und schön finde, sind kulturell bedingt und anerzogen. Einige aber wiederum nicht. Bspw. der Blick in die Berge. Als Berliner habe ich hierfür keine Vorlage aus meiner Kindheit. Der Blick in die Berge ist mir daher nicht anerzogen. Und auch evolutionstheoretisch lässt sich nicht eindeutig erklären, warum durch die reine Betrachtung eines Objektes eine innerliche, für die Fortpflanzung irrelevante Verzückung ausgelöst wird. Mittlerweile gibt es zudem zunehmend mehr Hinweise aus der Neurowissenschaft, dass beim Lustempfinden – was Schönheit mit biologischer Attraktivität bzw. Schönheits- mit Lustempfinden gleichsetzt und die Grundlage für die Verankerung der Ästhetik als evolutionären Selektionsvorteil begründet – andere Prozesse im Gehirn aktiv sind als beim bewussten ästhetischen Urteil.

auf Körper, Geist und Seele, weshalb diese Techniken als nützlich betrachtet werden können.

Grundsätzlich ist es sinnvoll, bei der körperlichen und geistigen Hygiene auf Kraft von Routinen und Gewohnheiten zu setzen. Während schädliche Routinen – bspw. automatisiertes Essen vor dem Fernseher oder Rauchen nach der Mittagspause – nicht selten schon fast unbewusst ablaufen und den Körper und/ oder Geist schädigen, ist es bei positiven Routinen genauso – nur umgekehrt. Eine regelmäßige Meditation, ein kleines Sport- oder Dehnprogramm sowie etwas Brainfood in Form von Podcasts oder Sachbüchern können als feste Morgenroutine eine positive Wirkung auf Körper, Geist und Seele entfalten. Es ist quasi eine „Umprogrammierung" von Gewohnheiten, indem die schädlichen Routinen durch die erbauenden ersetzt werden. Durch regelmäßiges Wiederholen sowohl von körperlicher als auch von geistiger Hygiene verfestigen sich Wissen und Gewohnheiten, zahlen damit langfristig auf das Wohlbefinden ein und verbrauchen zudem zunehmend weniger Willenskraft.

Zu guter Letzt halte ich es im Rahmen der **Prävention** für nützlich, dauerhaften oder regelmäßigen körperlichen und geistigen Stress zu vermeiden, indem Energie- und Zeitfresser entfernt werden und verstärkt Zeit für die Dinge aufgewandt wird, welche die persönliche Lebensqualität erhöhen. Dazu gehört auch die Befreiung von gesellschaftlichen Normen, wie bspw. Pflichtbesuche oder -anrufe. Frei nach dem Motto „alles kann, nix muss" pflege ich bspw. einen Freundeskreis, der nicht auf unreflektierten Erwartungshaltungen zur Erfüllung egoistischer Bedürfnisse insistiert und bei dem ich nicht zittern oder gar um „mein Leben fürchten" muss, wenn ich mal einen Geburtstag vergesse.

MITSPIELER: Auf dieser Ebene lassen sich die Bereiche Familie, Freunde und Fremde untergliedern. Gute Beziehungen zur Familie und ein enger Freundeskreis erhöhen nachweislich die persönliche Lebensqualität und stellen in schweren Zeiten eine wichtige Ressource dar. Mein persönlicher Anspruch ist es, anderen Menschen tolerant, respektvoll und wohlwollend gegenüberzutreten – auch wenn dies aus verschiedenen Gründen nicht immer leicht ist. Die Praxis zur Selbstbeherrschung unterstützt beim Erhalt der inneren Balance. Zudem gilt: Wenn bei der Interaktion mit Menschen oder beim Betrachten von Bildern negative Gefühle wie bspw. Neid oder Schadenfreude in mir aufkommen und ich das merke (Achtsamkeit), dann verwerfe ich diesen Gedankengang (Willenskraft) und fülle meinen Geist wieder mit positiven Gedanken. Mit anderen Worten: Habe ich nichts Positives zu sagen oder zu denken, dann sage und denke ich lieber etwas anderes oder aber gar nichts.

Zudem halte ich es für nützlich, grundsätzlich die Tat vom Täter zu trennen. Kommt jemand bspw. zu spät oder hat mich jemand mit seinen Worten oder Handlungen verletzt, dann kommentiere, kritisiere und verurteile ich ggfs. die *Tat*, nicht jedoch den *Täter* bzw. den Menschen als solches – auch wenn es zugegebenermaßen manchmal schwerfällt.[88] Allerdings hat der Dalai Lama diesbezüglich einen hilfreichen Vergleich hergestellt:

---

[88] Aus meiner Haltung gegenüber anderen Menschen rührt auch meine Haltung gegenüber der Todesstrafe, die der Dalai Lama wie folgt prägnant zusammenfasst: „Es kann in meinen Augen nicht richtig sein, einen Menschen, gleichgültig, was er getan hat, zur Vergeltung das Leben zu nehmen, weil man ihm damit auch die Möglichkeit nimmt, sich zu ändern." Nur weil ich die Tat vom Täter entkopple, kann ich dem Menschen, dessen Gesinnung ich wie oben in den Ausführungen zum SPIELER bereits erwähnt als wandelbar und mit dem Potenzial zum „Guten" betrachte, das Recht zugestehen, sich zu ändern.

„Wenn ich selbst oder Menschen, die mir nahestehen, Opfer eines schweren Verbrechens wurden, dann kann es mitunter schwierig sein, keinen Hass auf den Täter zu empfinden. Und doch wird mir, wenn ich eingehend darüber nachdenke, klar, dass ich jeden Tag zwischen schlimmen Taten, und denen, die sie begehen, unterscheide, nämlich immer dann, wenn es sich um mein eigenes Verhalten und mein eigenes Vergehen handelt. Wenn ich wütend oder gereizt bin, dann verhalte ich mich anderen Menschen gegenüber womöglich grob oder aggressiv. Später tut es mir leid, aber wenn ich meinen Wutausbruch rückblickend betrachte, unterscheide ich unweigerlich zwischen dem, was ich getan habe und der Person, die ich bin. Ich verzeihe mir wie selbstverständlich und nehme mir vielleicht vor, so etwas nicht noch einmal zu tun. Warum also sollte ich dies nicht auch auf andere Menschen und ihre Verfehlungen ausdehnen?"

Zu guter Letzt hilft mir die nachfolgende Lebensweisheit dabei, mich nicht in Vorurteilen und Fehlschlüssen zu verrennen, indem ich meine Interpretationen in Anlehnung an Watzlawicks Geschichte mit dem Mann und dem Hammer für die Realität halte: „Wir wissen nicht, was andere Menschen denken oder fühlen. Wir interpretieren ihr Verhalten und sind dann wegen unserer eigenen Gedanken beleidigt."

❖ SPIELZEIT: Auf dieser Ebene sind all die Bereiche untergliedert, die mit Bildung, Beruf und Hobbys zu tun haben und daher viel dazu beitragen, wie, in welcher Rolle und womit die (Frei-)Zeit verbracht wird. Der **Beruf** beansprucht oftmals den größten Anteil an der Wachzeit des Tages und damit auch an der Lebenszeit. Er nimmt daher eine vergleichsweise große, evtl. sogar *zu* große Rolle ein. Aus diesem Grund halte ich es für sinnvoll, in regelmäßigen Abständen zu prüfen, ob die berufliche Tätigkeit grundsätzlich auch Freude bereitet und Sinn stiftet. Ist das nicht der Fall, gilt es in einem zweiten Schritt zu prüfen, ob der Beruf zumindest ein adäquates Mittel für einen höheren Zweck darstellt, wie bspw. das Erlernen neuer Fähigkeiten, der Erhalt einer guten Work-Life-Balance oder eine finanzielle Absicherung. Wenn auch diese Prüfung negativ ausfällt, ist es je nach Möglichkeit und Wunsch Zeit, über den Tellerrand zu schauen.

Bei den **Hobbys** pflege ich eine gute Mischung aus „Quality Time" für mich selbst, **(Weiter-)Bildung** in meinen Interessensgebieten sowie schönen Momenten mit Freunden. In meiner Freizeit erlaube ich es mir, das Leben nach meinen Vorstellungen und ohne Erwartungsdruck zu erleben. Selbstbestimmtheit und Selbsterfahrung stehen klar im Vordergrund. Und wenn ich merke, dass es in Freizeitstress ausartet oder eine schleichende Fremdbestimmtheit durch ungerechtfertigte Anspruchshaltungen entsteht, dann reagiere und handle ich im Sinne der oben skizzierten Prävention.

Die vier Ebenen der KUNST DES SPIELENS helfen dabei, die Bedeutungsvergabe und Entscheidungen regelmäßig und systematisch zu überprüfen. Der Einfachheit halber habe ich mir für jede Ebene eine Art Leitbild ausgesucht, das die erstrebenswerten Attribute verkörpert und für mich leichter zu merken ist. Im Bereich SPIELFELD ist es der peruanische Schamane **Don Victor Estrada**, dessen Vision und Mission die liebevolle und dankbare Verbindung mit der Natur und allen Lebewesen ist. Im Bereich SPIELER ist es **Bruce Lee**, der körperliche und geistige Disziplin mit einem Lächeln zur Exzellenz führte. Im Bereich MITSPIELER ist es die Serienfigur **Cliff Huxtable** alias Bill Cosby aus der Bill Cosby Show. Diese Figur hat sich durch Sympathie gepaart mit einer angemessenen Strenge und einem offenen Ohr ausgezeichnet. Im Bereich SPIELZEIT ist es die von Harrison Ford verkörperte Filmfigur **Indiana Jones**. Dieser fiktive Draufgänger schafft es eindrucksvoll, Wissenschaft (Licht) mit Abenteuer (Leben) und einer Romanze (Liebe) zu verbinden. Zusammengefasst lassen sich die vier Ebenen der KUNST DES SPIELENS wie folgt darstellen:

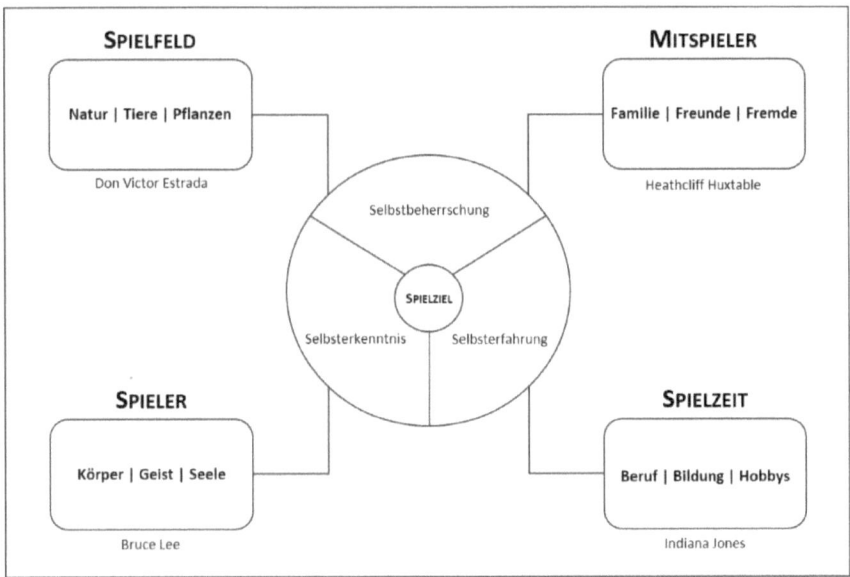

Abb. 4: Die vier Ebenen der KUNST DES SPIELENS

KAPITEL VIII – QUO VADIS, SPIEL DES LEBENS?

Wir sind am Ende angelangt. Dem Leser, der es bis hierhin geschafft hat, möchte ich meinen tiefsten Dank aussprechen! Was noch bleibt sind ein paar abschließende Bemerkungen.

Warum eigentlich „SPIEL DES LEBENS"? Was daran ist ein SPIEL? Ist das Leben für den ertrunkenen Flüchtling, für das verhungernde Kind oder für den vergewaltigten Teenager wirklich ein SPIEL? Macht es „Spaß", das SPIEL auf diese Weise zu spielen? Zweifellos ist der Begriff an dieser Stelle höchst fragwürdig und wird sicherlich nicht bei allen Lesern auf ungeteilte Zustimmung stoßen. Allein, ich habe diese Bezeichnung so gewählt, da auch für Menschen mit mehr oder weniger traurigen Lebensentwürfen grundsätzlich die gleichen Bedingungen gelten, wie ich sie in den vorherigen Kapiteln ausgeführt habe. Jeder kann – auch in seiner dunkelsten Stunde – seinen eigenen Sinn des Lebens und damit sein eigenes SPIELZIEL (neu) festlegen. Ob man nun im „falschen" Land geboren wurde, eine schlimme Kindheit hatte oder mit einer einschränkenden Behinderung oder Krankheit geboren wurde: In allen Fällen bleibt es dabei, dass die Art und Weise *wie* der Betroffene auf die Situation reagiert, nicht von der Situation selbst, sondern von seiner subjektiven Wahrnehmung und Bewertung abhängt. Daher spielen auch diejenigen das SPIEL, die sich dessen nicht bewusst sind und es womöglich auch nicht als solches empfinden. Das ändert jedoch nichts daran, *dass* sie es spielen. Und niemand hat behauptet, dass das SPIELEN stets einfach und immer lustig *ist* und sein *wird*. Auch beim Basketball oder beim Schach gibt es schmerzhafte Niederlagen, die zum Teil mit großer Trauer einhergehen. Doch ich spiele das SPIEL nicht der Niederlagen wegen, sondern weil das Erreichen des SPIELZIELS eine so große Faszination auf mich ausübt, dass ich die dazugehörigen Niederlagen und Rückschläge billigend in Kauf nehme.

Was ist nun eigentlich die Quintessenz des vorliegenden Essays? Was kann der Leser für sich mitnehmen? Worauf kommt es an? Wer gemeinsam mit mir die Reise in meine Gedanken angetreten ist, wird wissen, dass es auf diese Fragen keine „Universellen Absoluten Wahrheiten" als

Antwort gibt. Das SPIEL DES LEBENS hat mit seinen vier Bestandteilen SPIEL-FELD, SPIELREGELN, SPIELZIEL und SPIELER in erster Linie einen Rahmen vorgegeben, den jeder Leser mit seinen eigenen persönlichen Ansichten füllen kann. Für denjenigen Leser, dessen SPIELZIELE sich womöglich mit den meinen überschneiden, kann ich mit Blick auf die KUNST DES SPIELENS folgende drei Tugenden festhalten, mit denen m.E. ein sinnstiftendes Leben gelebt werden kann:

❖ **Achtsamkeit:** Je mehr ich im Hier und Jetzt präsent bin, desto größer ist mein bewusster Entscheidungsspielraum, und je bewusster ich mich im Leben entscheiden kann, desto geringer wird der Anteil an unbewussten und damit gefühlt fremdbestimmten Entscheidungen. Achtsamkeit erhöht also unmittelbar meinen Grad an Bewusstheit, die sich wiederum positiv auf meinen Grad an Selbstbestimmtheit auswirkt. Auch wenn deswegen nicht automatisch jede Entscheidung in meinem Leben besser wird, so erhalte ich durch die Achtsamkeit zumindest die Möglichkeit, das, was ich nicht ändern kann, zu akzeptieren und das, was ich ändern kann, auch zu ändern.

❖ **Urteilskraft:** Ausgestattet mit einem höheren Grad an Bewusstheit und damit einer größeren Anzahl an bewussten Entscheidungen, stellt sich nun die Frage, wofür ich mich eigentlich entscheiden soll? Woran erkenne ich die „richtige" Entscheidung in der jeweiligen Situation? Ist töten immer schlecht, bspw. auch dann, wenn durch den Tod eines einzelnen Menschen mein eigenes Leben (Notwehr) oder das tausender Menschen gerettet werden kann? Ist Lügen per se schlecht, auch wenn dadurch ein Unschuldiger, der sich vor seinen Peinigern in meinem Schrank versteckt, gerettet werden kann, wenn ich ihn absichtlich verleugne? Es gibt für viele Fragen und Situationen keine eindeutigen Antworten. Umso wichtiger ist es, eine gut fundierte, vernünftige Urteilskraft herauszubilden, die jedoch nicht nur bei der Bewertung von moralischen Situationen hilft, sondern auch bei der Frage, was wahr bzw. plausibel ist und was nicht. Dieser Punkt entspricht also im Kern meinem Prüfstein.

❖ **Entschlossenheit:** Eine höhere Achtsamkeit führt zu mehr Entscheidungen (Quantität), und eine bessere Urteilskraft führt zu besseren Entscheidungen (Qualität). Doch aus einer Entscheidung selbst entsteht noch keine Handlung, sondern lediglich eine Absicht in meinem Geiste. Ich kann mich zwar dafür entscheiden, regelmäßig ins Fitnessstudio zu gehen, aber erst mit einem notwendigen Maß an Disziplin und Entschlossenheit besitze ich die erforderliche Motivation, meine Entscheidung auch in die Tat umzusetzen. Entscheidend ist dafür die Willenskraft. Mit ihr beherrsche ich meine Gedanken, meine Emotionen und meinen Grad an Immunität gegenüber Versuchungen wie Faulenzerei, Süßigkeiten oder Leichtsinn. Dabei sei noch mal daran erinnert, dass nicht das Bedürfnis oder der Trieb ausgelöscht, sondern lediglich meine Reaktionen auf den wahrgenommenen Impuls *bewusst* gesteuert werden sollen. Auch mein Leistungsvermögen wie bspw. Konzentration, Zeitmanagement, Gewissenhaftigkeit und Selbstmotivation bei Desinteresse steht in unmittelbarem Zusammenhang mit meiner Entschlossenheit.

Das SPIEL DES LEBENS hat nicht den Anspruch, ein neues Lehrsystem zu begründen. Davon gibt es auf dieser Welt bereits genügend. Es ist in erster Linie der bereits erwähnte Orientierungsrahmen, der mit meinen eher buddhistisch geprägten Ansichten gefüllt wurde. Jemand anderes würde ihn womöglich eher mit christlichen oder hinduistischen Inhalten oder gar etwas völlig Anderem füllen. Da es der Sinn des Lebens ist, dem Leben einen Sinn zu geben, ist jeder frei, sich sein eigenes SPIELZIEL auszusuchen und festzulegen. Speziell im Buddhismus, der die Befreiung von Anhaftungen zum Ziel hat, gibt es allerdings am Ende des Tages eine letzte große Anhaftung, von der es sich zu lösen gilt, wenn wahre Freiheit erlangt werden soll: Die buddhistische Lehre selbst. Ich möchte daher diesen Essay beenden, indem ich diesbezüglich die mahnenden Worte des Buddhas wiedergebe:

„Ein Wanderer sieht auf seinem Wege vor sich eine große Wasserflut, das diesseitige Ufer unsicher und gefährlich, das jenseitige Ufer sicher und gefahrlos. Es ist aber kein Schiff zum Übersetzen da und keine Brücke zum anderen Ufer. Da denkt er: Vielleicht könnte ich mir Schilfrohr und Holzstämme, Zweige und Blätter sammeln, mir daraus ein Floß bauen und auf diesem Floß, mit Händen und Füßen arbeitend, heil an das andere Ufer gelangen. Diesen Plan führt er aus und kommt heil an das andere Ufer. Dort angelangt, denkt er: Dieses Floß ist mir von großem Nutzen gewesen, ich will es mir auf den Kopf und auf die Schultern laden und mitnehmen, wohin ich gehen will.“

„Meint ihr, meine Bhikkhus, dass dieser Mann mit dem Floß richtig handelt?“ „Nein, Herr!“ „Wie aber würde er richtig handeln! Er würde denken: Dieses Floß ist mir zwar von großem Nutzen gewesen, jetzt aber will ich es auf trockenen Boden setzen oder ins Wasser versenken und (unbelastet) gehen, wohin ich will. So würde er mit dem Floß richtig handeln. So habe ich euch mit dem Gleichnis vom Floß, das zum Hinüberkommen, aber nicht zum Aufbewahren da ist, eine Lehre gegeben. Versteht ihr das Gleichnis vom Floß, dann gebt (ans Ziel gelangt) sogar die rechten Lehren auf, noch mehr aber die unrechten.“

Danke!

ANHANG

AUSGANGSPUNKT	
Universelle Absolute Wahrheit	**Persönliche Absolute Wahrheit**
Ontologischer Relativismus, d.h. eine Universelle Absolute Wahrheit lässt sich nicht endgültig beweisen und muss daher nicht für alle gelten	Zwingend notwendig, um daraus eine persönliche Weltanschauung zu begründen und den eigenen Prüfstein zu verankern

Kap. II PRÜFSTEIN	
Wahrheitskriterien	**Bewertungskriterien**
(1) wahr vs. falsch (→ **Vernunft & Empirie**) (2) plausibel vs. unplausibel (→ **Vernunft**)	(1) nützlich vs. nutzlos (→ **Vernunft**) (2) gut vs. schlecht (→ **Gefühl**)

Kap. III SPIELFELD		
Realität	**Materielles**	**Geistiges**
Realismus, d.h. die Objekte der Umwelt existieren auch unabhängig von mir sowie **Philosophische Polarität**, d.h. Dualität ist ein Wesensmerkmal der Realität	Dimension der **Ausdehnung** (Tiefe, Höhe, Breite und Zeit); Dimension der **Beschaffenheit** (Härte, Masse, Bindungsenergie etc.)	**Gradueller Panpsychismus**, d.h. das Geistige ist von Anfang an im Materiellen enthalten oder **Metaphysische Spiritualität**, d.h. die Existenz einer unabhängigen Welt des Geistigen ist möglich
Lebendiges	**Göttliches**	**Zeit**
Vitalismus, d.h. das Lebendige unterscheidet sich vom Nicht-Lebendigen durch eine Lebensenergie	**Monismus**, d.h. alles basiert auf einem einzigen Grundprinzip, **Agnostizismus**, d.h. die Gottesfrage ist nicht endgültig klärbar sowie **Pantheismus**, d.h. das Göttliche ist in allen Dingen enthalten	**Relative Zeit**, die sich an, durch und in **Veränderungen** zeigt und vom Geist stets in die Anschauung **hineingepresst** wird, um die Welt erfahren zu können
Kosmos		
Das All ist **unendlich, absolut, ewig** und **unveränderlich**		

Kap. IV SPIELREGELN		
Prinzip der Veränderung	**Prinzip der Abhängigkeit**	**Prinzip der Subjektivität**
Alles verändert sich und nichts bleibt, wie es ist	**Alles hängt voneinander** ab und nichts existiert unabhängig	**Alles ist subjektiv** und lässt sich auch nur subjektiv erfahren und bewerten

Kap. V SPIELZIEL		
Vorbedingungen aus SPIELFELD	**Vorbedingungen aus SPIELREGELN**	**Konsequenz für SPIELZIEL**
Ich **darf** Bedeutung vergeben, weil ich **lebendig** bin (→ **Vitalismus & Dualität**)	Ich **muss** Bedeutung **unterschiedlich** vergeben, weil nichts **feststeht** (→ **Prinzip der Veränderung, Prinzip der Subjektivität & Prinzip der Abhängigkeit**)	Ich **kann** Bedeutung **selbstständig** vergeben, weil ich die **Wahl** habe (→ **Bedingte Willensfreiheit & Kompatibilismus**)
Leitidee des SPIELZIELS		
Ich **will** Bedeutung vergeben, weil ich **glücklich** sein möchte (→ **Psychologischer Egoismus**)		
Kategorie des SPIELZIELS: Leben	**Kategorie des SPIELZIELS: Liebe**	**Kategorie des SPIELZIELS: Licht**
Qualität und **Quantität** der **Entscheidungen** sowie **Intensität** der Erfahrungen, die glücklich machen und Leid vermeiden Mein Ziel: **Selbsterfahrung**	**Qualität** und **Quantität** der **Bewertungen**, die glücklich machen und Leid vermeiden Mein Ziel: **Selbstbeherrschung**	**Quantität** und **Qualität** der **Erkenntnisse** bzgl. des SPIEL DES LEBENS, die glücklich machen und Leid vermeiden Mein Ziel: **Selbsterkenntnis**

Mein persönliches SPIELZIEL
Aus einem tiefen inneren Frieden heraus (**Selbstbeherrschung**) möchte ich den Blick sowohl nach innen wenden, um mich selbst zu erforschen (**Selbsterkenntnis**) als auch nach außen, um die Schönheit des Lebens in ihrer Vielfalt, Reichhaltigkeit und Intensität zu erleben (**Selbsterfahrung**)

Kap. VI SPIELER

Geist	Körper	Emotionen
Ermöglicht wahrnehmen, denken, vorstellen, erinnern und bewerten und ist **Träger des (bedingt) freien Willens**, der das SPIELZIEL erreichen möchte	**Mittel zur Interaktion,** um mithilfe der Sinnesorgane Erfahrungen zu machen	**Farbe des Lebens** und Ergebnis der (un-)bewussten Vergabe von Bedeutung an Dinge und Ideen

Gesinnung
Weder von Natur aus gut oder schlecht, und mit dem **Potenzial** zur Entwicklung in **alle Richtungen** durch die **Buddha-Natur** in allen Lebewesen, die jedoch durch **Unwissenheit, Anhaftung** und **Ablehnung** beeinträchtigt ist

Kap. VII SPIELEN

SPIELKATEGORIE	
Weisheit (Licht)	
Rechte Einsicht in das SPIELFELD, die SPIELREGELN und das SPIELZIEL	**Rechte Haltung** gegenüber den Erkenntnissen der Rechten Einsicht

Ethik (Liebe)		
Rechte Rede, d.h. Vermeiden von „schlechter" und Kultivierung von „guter" Kommunikation	**Rechte Handlung**, d.h. Vermeiden von „schlechten" und Kultivierung von „guten" Handlungen	**Rechter Lebenserwerb**, d.h. Vermeiden von „schlechten" Berufen und Ausübung von „guten" Berufen

Sammlung (Leben)		
Rechtes Streben, d.h. Schulung von Willenskraft und Entschlossenheit	**Rechte Achtsamkeit**, d.h. Verweilen im Hier und Jetzt	**Rechte Meditation**, d.h. Schulung des Geistes

SPIELEBENEN			
Spielfeld	Spieler	Mitspieler	Spielzeit
Don Victor Estrada, dessen Vision und Mission die liebevolle Verbindung mit der Natur und allen Lebewesen ist	**Bruce Lee,** der körperliche und geistige Disziplin mit einem Lächeln zur Exzellenz führte	**Cliff Huxtable,** der sich durch Sympathie gepaart mit einer angemessenen Strenge und einem offenen Ohr auszeichnet	**Indiana Jones,** der Wissenschaft (Licht) mit Abenteuer (Leben) und einer Romanze (Liebe) verbindet

Kap. VIII FAZIT

Achtsamkeit	Urteilskraft	Entschlossenheit
Zunehmende Präsenz im Hier und Jetzt erhöht den bewussten **Entscheidungsspielraum** und damit den Grad an **Selbstbestimmtheit**	Entwicklung eines **zweiseitigen Prüfsteins** zur Bewertung von gut und schlecht sowie Nützlichkeit und zur Einschätzung von Wahrheit und Plausibilität	**Disziplin** und **Motivation,** um Entscheidungen auch in die Tat umzusetzen

What if I Fall? Oh, but my darling what if you fly?

ERIN HANSON

Dr. Shamsey Oloko, geboren 1981 in Berlin, studierte Betriebswirtschaftslehre mit Schwerpunkt Wirtschaftspsychologie an der Freien Universität Berlin und promovierte anschließend im Bereich Konsumentenverhalten an der Universität Potsdam. Im Rahmen von weiterführenden Studien in abendländischer und fernöstlicher Philosophie entstand auf diese Weise das „Spiel des Lebens". Seit 2014 arbeitet er als Professor für Marketing an der EBC University of Applied Science in Berlin und ist zudem Coach und Berater.

Zeitfracht Medien GmbH
Ferdinand-Jühlke-Straße 7
99095 Erfurt, Deutschland
produktsicherheit@kolibri360.de